AF190424

Kim Larsson
Samlade dikter

© Kim Larsson 2017

Förlag: BoD – Books on Demand, Stockholm, Sverige
Tryck: BoD – Books on Demand, Norderstedt, Tyskland

ISBN: 978-91-7699-432-0

Led mig ner

Led mig ner. Jag är trött på ljuset
himlen, molnen och de huvudlösa
fåglarna som aldrig lär sig att tala
och bara orkar blöda viktlöst guld
Led mig ner och längre ner. Jag är
trött på lera, jord, musik och gräs
och jag är så trött i mina fötter
och trött på att vandra mänskligt
lätt och mjukt på dyner av silver
och dyner av pärlor. Led mig ner
så långt ner att jag orkar andas
Led mig ner och in i jordens öde
men varma, tysta, flytande kärna
av pulveriserade stjärnor, och där
där ska jag få vingar av mörker
bly, järn och koppar, och där
där ska jag gräva fram en ängel
av lava, och den, den ska flyga
med mig till andra sidan jorden
där fåglarna kan tala, allt ljus
är lysande svart, inget ting är
dött och Gud bara är en ros av
tid som precis ryms i handen.

Eftersken, eftersken

Nästan osynliga färgfragment dansar baklänges
i gardinerna och hårfina strålar av tid sliter sig loss
från sprickor i tapeterna, regnar handlöst över öde
möbler, men lövtunna änglar av svart ljus dämpar
fallen utan att säga någonting mänskligt, och jag
märker ju, hör att vårt eftersken äntligen bränner
oss inne, inne hos varandra, och plötsligt hör jag
dig säga att jag sa att det är överallt, överallt, och
jag håller visst på att somna, men mitt tredje öga
exploderar ju i efterskenets famn, exploderar när
jag blundar, och jag ser ju efterskenets spärrlösa
storm, och jag ser så mycket i fjärran och jag ser
ser att våra kropps siamesiska, oceaniska tystnad
till slut är hemma, nere på jorden, och jag ser, ser
att det inte finns mer att göra eller vänta på nu och
om vi och efterskenet och änglarna förintades nu
så skulle det inte alls vara sorgligt eller sakralt eller
grymt, och vi är hemma, hemma, hemma och du
kan hänga, sväva, flyta, simma, brinna orörlig
som jag medan efterskenet, efterskenet
kommer i vågor, landar under huden, sjunger
som glas, och strålande visualiseringar målar stigar
på din mage, i armvecken, halsgropen, och den lyser
starkt och grått, som djurblod, och jag vill följa
och aldrig sluta följa de där stigarna, de där ansiktslösa
avsiktslöa stigarna av ljusrester på din kropp
och jag vill aldrig lämna den sista kartpunkten
den vita, rymden där allt slutar, där allt jag kände
till slutar andas, där jag dör och ohjälpligt öppnas
för ditt innersta och svarta ljus och en flod av tystnad
och jag måste låta alla mina tankar flyta bort på
en sjö av dig och du måste låta alla dina tankar flyta

bort på en sjö av mig och vi måste flyta bort, bort
och drunkna, falla, sjunka, försvinna, gå, ta klivet,
språnget, falla, falla namnlösa precis där universum
slutar och livet börjar, och i gapet mellan liv och tid
mellan tid och död, mellan kropp och syre, mellan
berg och stad, mellan sken ljus, mellan vildmark
och trädgård, mellan stjärna och nebulosa simmar
vi, bara burna av vårt eftersken och kroppsvärme
och vi faller och faller och faller och faller, men vi
faller aldrig ner, nej, aldrig ner, och jag ser, jag ser
vad som gömmer sig bakom hela världsrymden
när jag somnar såhär nära din yttersta hud
av tystnad. och jag hör hur efterskenet rör vid dig
överallt, och på dina tomma, nakna och blåsiga
panna simmar efterskenet runt, tvättar bort nästan
hela ditt inre mörker, och jag sover snart, och du
är oskyddad men efterskenet vakar över dig
Det kysser dig. Smittar ner dig. Det gränslösa
efterskenet. Och vi bär inga kroppar längre
Vi är bara ljus. Svart och vitt ljus, blixtar
och dimma, eftersken, eftersken och imorgon
lämnar vi bara kvar två fastbrända konturer
av guld och fjärilsdamm att sopa bort
och i framtiden kommer rummet och tingen
inte att hämta sig från efterskenets
heliga sjukdom

Och din skugga simmar

Och din skugga simmar redan naken
och blind i tomma trädkronor och du
syr redan din årstid och skuggan sitter
uppe och ammar sitt barn på nätterna
och din inre lerjord har redan lossnat
från en skrikande och hudlös himmel
och tiden och rummet smälter redan
och din hjärnas öde slussar har slutat
fråga efter vägen hem och dina tårar
har slutat leta efter vuxna som kan sy
segel och gå och din innersta öken har
redan viskat allt som går att viska och
sjungit allt som kan sjungas för barnet
skuggan ammar utan frågor och ånger
och den tomma blå låga du alltid varit
och alltid ska vara befinner sig i fritt
fall och du försvinner redan namnlös
och skrikande och vill aldrig sluta falla
och barnet skuggan ammar och döper
utan att röra sig söker dig med fingret
pekar mot en sandig himmel som Gud
och försöker smälta formlösa famnar
mellan er och du vill aldrig rädda dig
själv och tappa barnet skuggan ammar
och låta det stiga upp till solen himlen
jorden och människornas elljus igen.

Klockan är 02:11. Jag vill inte. Vill inte, men jag formulerar
mig redan. Jag tänker automatiskt på meningar, diktrader,

och det brukar bli så när jag faller ur sömnen mitt i natten,
och jag är rädd att denna natt blir en av mina oräkneliga vak-

nätter, för jag är så varm om ansiktet, och jag kanske kommer
att skriva en dikt nu, eller en diktskiss, och jag brukar alltid

skriva något när jag är sömnlös, och ibland blir det bara en
kort rad... och ibland fyller jag flera A4-sidor med färdig text.

Färdig. Vad nu det betyder Och jag sneglar på dig nu, för att
se om jag stör dig när jag börjar rumstera, för du är mycket

lättväckt, men jag ser att du sover ovanligt djupt, och du var
helt slutkörd när du somnade igår, och du ser barnsligt frid-

full ut, och det gör mig glad, och jag ser att dina ögonlock är
halvslutna, och jag kan skymta din ena iris, och jag lutar mig

nära, och ser de självlysande guldprickarna, guldprickarna
som simmar vilse i grön dimma. Guldprickarna. Ja. Ditt ögas

stjärnbilder, som bara går att se i ett visst ljus, oftast på natt-
en, när sänglampan är tänd. Jag lägger en T-shirt över den,

för att du inte ska bli störd och vakna, och jag försöker vara så
tyst som möjligt medan jag sätter mig upp i sängen och rotar

fram böcker, skrivblock och tidningar, och jag startar Spotify,
sätter i hörlurarna, och jag undrar om jag kanske ska skriva

om dig. Och jag sneglar på dig igen, och jag undrar som vanligt vad du drömmer, och jag tänker på en magisk drömscanner,

att jag skulle vilja ha en sådan och använda den, veta vad du drömmer. Jag vill självklart läsa din hjärnas flortunna bok

av bladguld, och efteråt, på morgonen, kunde jag berätta för dig vad du drömde, och jag vet, jag kommer aldrig att veta,

och jag tänker helt naivt att vi människor inte vet så mycket, och vi vet ju ingenting alls, med tanke på allt som vi kan veta,

all den information som finns. Vi vet så lite, så lite. Och när mänskligheten slutligen försvinner från uni-versum har vi

inte fått veta en bråkdel av allt som vi kan veta. Och det är väldigt få människor som verkligen vet, och resten av oss tror.

Tror på de som tror sig veta, och jag tror på dig, som tror på din granne, som tror på en arbetskamrat, som tror på en forskare,

skare, som tror på en annan forskare, vars teorier kräver extrema specialstudier för att kunna hanteras, och studierna l

leder till en skog av extremt avancerade teorier som kan kasseras när som helst, och vissa tror på Gud - kanske för nattsömnens

sömnens och den psykiska hälsans skull. Och nu bläddrar jag i en gammal tidskrift, ett nummer från förra året, och jag läser

er om vad astronomer tror. Nu tror mängder av forskare att allt guld som finns på jorden har skapats när stjärnor har

kolliderat. Och när jag läser om guldskapande utanför jorden undrar jag hur sannolikt det är att två stjärnor överhuvudtaget kolliderar, och jag tror ... tror ... jag tror att jag har hört att grundämnen skapas i stjärnor, men guld är tydligen ett väld-

igt speciellt grundämne, och det är väldigt sällsynt, självklart, och samlade vi allt guld på jorden och gjorde en kub av det

skulle kuben bara bli 20 meter hög. NASA-forskare påstår att de tror att guld skapas när två neutronstjärnor kolliderar, och

att smällen kan generera så mycket guld att det räcker till två solida jordmånar. Och jag fingrar på armbandet som du gett

mig och jag tänker att jag känner på resterna av en kollision mellan två neutronstjärnor, och jag tänker på hur stor och

ödslig rymden är och hur sällan två neutronstjänor krockar, och jag tänker att du och jag innehåller grundämnen som har

skapats i supernovor och att vi är stjärnbarn. Och vi är guld-barn och innehåller osynliga guldspår. Jaha. Forskare tror

alltså att allt guld på jorden kommer från stjärnorna. Och guldet som ligger glest utspritt - knappt synligt - över dina

ögons månar. Ditt guld. Som jag äger ibland. När du inte ser. När du sover. Det guldet vet forskarna ingenting om. Och jag

tror ingenting om det. Det guldet. Jag vet. Vet. Allt. Jag sneg-lar på dig igen, och snuddar vid en fullständigt hopplös tanke.

Jag undrar om jag kan skriva en dikt som bara handlar om dina ögon, men den dikten skulle bara bli rent nonsens, skit,

självklart, och jag vet att guld bara kan skapas explosivt, och jag vet att guldprickarna, de där namnlösa stjärnbilderna som

simmar i dina ögon, de har skapats under outhärdligt tryck,
och jag vet att det har skett en explosion som inte går att be-

skriva med ord, så den explosionen kan jag inte ge stor plats,
och jag måste genast skriva vidare, och jag börjar bli trött, för

trött för att skriva, och det gör mig såklart glad och lättad, för
jag skriver för att en främmande, yttre kraft tvingar mig (inte

för att jag väljer att bejaka en personlig inspiration) men jag
vill i alla fall skriva det viktigaste innan jag somnar, och jag

ska säga, nej. Nej, jag ska skriva, skriva att jag inte tror. Nej.
Jag tror inte, jag vet. Jag vet, vet, och jag vet att guldprickar-

na i dina ögon inte fanns där när du var barn och inte när du
var ung heller. Och jag vet hur de uppstod. Det var min själs

vita skugga som sögs in i dina ögon och kolliderade med din
självbild, och från dina ögonbottnar sköt det ut smaragd-

blixtar som växer
evigt.

Det Paris aldrig säger

vi hinner inte ikapp
tiden som droppar
från spårvagnarnas
virkade elledningar
och det som Paris
aldrig säger flyter
runt bakom solen

en ängels ansiktshud
träs över en trädkrona
och under brinner något
pelarhelgons hopsydda
ögonlock av svart ljus

Paris är en papperssvan
med elva stjärnor i näbben
och du och jag och vår
gemensamma skugga går
försiktigt längs en babymjuk
molnkant som ännu inte
byggts sönder av kontorens
och siffrornas stenhundar

och vi sätter oss på ett torg
som ännu inte smekts sönder
malts till punkter och nytta

och när du drar av mig
av min munkjackas huva
lossnar lite isblått ljus från hotellet
långsamt ur håret

någon öppnar
ett fönster
någonstans
bakom solen
stänger det tyst
på ett ögonblick
och en gud ber
om gyllene
tomrum
en kyss

och jag vet att du vet
att vi alla tre alltid vet
att förkalkade ord alltid
måste förfölja oss ömt

och du och jag håller
varandras i händerna
och ser på en smutsig
stenängel som sitter
och blundar sig ren
i närheten i fin lera
och det som Paris
aldrig säger flyter
runt utan massa
bakom solens is

och dagarna är regn
och fallande sjöar nu
och förkalkade ord
måste förfölja oss
och blåsa oss tomma
tills vi lärt oss lossna
störta falla handlöst
och vi ska få falla

anonyma och stilla
utan att fråga
utan att skrika
utan att titta
upp eller ner
utan att släppa
varandras
händer

Slutlig morgon

det färska ljuset är en slags syra
som husen dricker lugnt och stilla

himlens herrelösa hundar
blåser svart och mjuk eld

vi går inte sakta genom staden
och staden går inte genom oss

någon öppnar
stänger ett fönster
tyst på ett ögonblick
som på månen

det skulle kännas
som en slags nåd
att hälla allt sitt blod
i en frigolitmugg
som aldrig läcker
annat än värme

vi når inte sakta genom staden
och staden når inte genom oss

du pekar och ber mig se
hur husen mjukt lossnar
och flyter bort på himlen

Bärgar aldrig ängelns namn

det är bara trådar ensamkomnande
sandkorn glaspaljetter och kristaller
som blåser över mina öppna händer
det är nog en massa rester efter
någon form av kosmisk katastrof
och det går en skugga av en skugga
av en skugga av en stjärnlös ängel
där på fönstret som är så förvätskat
att min själs tentakler ömsar skinn
och det blåser ensamkomna sandkorn
svarta glaspaljetter och kristaller
över mina öppna händers brunnar
och en nebulosas tomma aura
bränner samman alla svarta hål
och jag faller evigt mot ett fönster
där en stjärnlös ängels inre skugga
dödstyst kysser sönder illusioner
teorier om kausalitet
och jag faller faller faller faller
faller faller okänd spädbarnslik
och jag skriker stilla som en sjöhäst
och det var en lösryckt metafor
men jag hittar inte orden längre
och jag orkar inte tänka längre
men jag hoppas att jag aldrig räddas
och jag hoppas att jag aldrig stannar
och jag bärgar aldrig
ängelns
namn

Grov sand rotar sig

Grov sand rotar sig
i tårna och storstadens
ryggtavla tar tid
på barnnarkomaners
smältande vingar
utan att blinka bort blod
och ingenting känns
så icke-materiellt
och självlysande som ditt
fosteransikte
precis under brösthuden
hos en vild nollpunkt
som skriker efter
grov sand som flyger
med brev mellan tårna
vi försöker få
nå tillsammans utan
att förtingligas
och nu säger du
någonting om månläger
jag aldrig sandat
och campingplatsen
där vi omänskligt samlar
burkar sväljer skog

Ensamheten & Co (kroniskt smältande)

ja/ja/så/så/sluta inte/sluta aldrig
sluta/inte/kyss isär dessa ord kyss
isär/dessa ord/kyss isär/dessa ord
kyss isär/dessa ord/av mörkaste
kristyr och ljusaste nikotin/just
idag finns/bara öde, tummade
sönderviskade autografer kvar/av
tidens backstagepass/och ingens
födelse/väntar på intergalaktiska
spöregn/och övervärderade
jakthundar från Antwerpen lyser
riktigt radioaktivt/på alla sina
handmålade ägare/men i Sverige
och mitt på dagarna/är månens
blåvita/pupill övermogen/men inte
ätmogen/och några adoptivbarns
oskadda ögon/flyter i en övervuxen
brunn/där mögligt tegel slipar
vattnet till lins/och jag är livsfarligt
sysslolös/och kan inte sluta tänka
på bilden/jag såg igår/den där
flickan med ögon som var vita
mjölkvita/ja/en sån outhärdlig
kombination av primitiv fasa och
djupfryst realpolitik en vältrande
smet/av både dödsnatt/omsorg
och skönhet men jag/minns inte
titeln/jo/H-i-r-o-s-h-i-m-a/visst
hade flickan stickad tröja/och jag
undrar om hon lever nu/men jag
försöker tänka på andra saker
och jag dras bort/av en lavin eller

en tsunami av immateriella teorier
om nästan ingenting/och jag
tuggar epileptiskt/tuggar möjligen
på elektroner/kvarkar/eller
fragment av texter/som inte rör
mig/och som inte ens rörde mig
när jag läste/ första gången/men
jag måste skrika/att alla alla alla är
skulptörer/som nu/nu/nu/nu/nu
tillverkar sina egna dörrar/och
orden de åkersmutsiga orden/finns
kvar/men alla våra gudar/är borta
för gott/gott/gott/och jag skriker
om sånt strunt/sånt motljus/men
en pseudovit dimma stiger från
asfalt/jag ser människor skulpteras
av vinpressad sten och oljeregn
och diamant-hundar med nästan
osynliga vingar flyger inuti glorior
av smörgul gravitation/och om du
kysser nu/lovar jag att styckmörda
dig till evig skönhet jag lovar lovar
att strypa dig ord för ord tills du
ser/oss flasha splitternya ögonlock
som hos en vårfärsk kokaindimma
och det ska jag lova dig/din jävla
läsarparasit/men under tiden/vad
ska ska du/din stackare göra
stackars läsarjävel/när du väntar
på att kulturmördas/vad ska du
göra/hos detta tomma/men klart
lysande band/av porösa tankar
denna nästan gravitationslösa
pesudodikt av plasmatiska, nakna
nervträd som vrider sig mellan

dina handflator och kokar visslar
för jävligt som DMT-katakomber
och du ska badda dina ivriga
ögonvrår med svamppulver/med
barnfingrar/kroniskt smältande
och lova att låta bli att pilla på
rubinflugan som växer som en böld
på din vänstra underarm/och du
måste/måste/kyssa isär/dessa ord
kyssa isär/dessa ord/utan att be
någonting alls/att sluta lyckligt
och du måste/nästan oändligt
kyssa isär/dessa ord/och för en
nanosekund/vara mer/än läsare
du måste/kyssa isär/dessa etc

Kanske tänker koppen

det känns svårt, fruktansvärt
svårt att minnas rätt. Föremål
att tejpa fast. Där var ett runt

en kvarglömd kaffekopp i form
av ett huvud. Målad underligt
Så svår att inandas. Börja om

det står en kaffekopp på fönstret
Mitt på fönstret. Sovrumsfönstret
den är en svartvit måne. Det ryker

långsamt ur den, nästan inte alls
Det kanske blivit vinter. Koppen
kanske innehåller nybryggt kaffe

en halvsläckt cigarett, fjärilsmjöl
eller bara någon matsked månsand
som orkar späda ut dess ensamhet

någonting att blåsa över bilderna
En vinglig stjärna. Ett hundansikte
båda söndersmekta av en tumme

koppen där på fönstret. Inte tänker
den någonting att minnas. Den tänker
möjligen på nattskap, barnets sand

på sovrumsfönstrets stenmembran
lika skört som koppen, på att tiden
i form av svarta droppar samlar ax

kanske tänker koppen på en droppe
som blöder isblått ljus på trånga foton
att droppen blöder bort ett månhav

Stjärna av nätter

när jag vaknar mitt i natten
sover katten på min mage
och jag lånar lite andning
för att blåsa in en stjärna
över trösklar av kristall

Kristallmottagare bänder upp exo-
planetära spaanläggningar, och jag
vet hur skickliga flygare brända
barn kan vara. Ibland forslar ett
bränt barn hem hudlös och brant
bärnsten sent, sent.

Sent, sent, för sent förstår vi att vi
ska ersättas lika lätt som våra grov-
sopor och favoritsåpor. Mänsklig-
heten är en tillfällighet. Det kom-
mer att finnas livsformer som kom-
mer efter oss, som vi aldrig kan
föreställa oss, och de kommer att
baseras på saker vi inte heller kan
föreställa oss. Nya tillfälliga funda-
ment för liv. Det kommer kanske
att komma livsformer baserade på
kisel, silikater, elektricitet, ljus, tid,
också okända former av strålning.
Att det just nu bara ligger rumtid
begravd bredvid min säng gör mig
mycket sorgsen.

Sorgsen sätter jag mig upp, tänder och undersöker en del av min kroniskt svajiga boktrave. *Desert of the Heart. Skitigt vackert mörker. Döden är en man. Catrine och rättvisan. Sanningen är en sällsynt gäst.* Krimböckerna får mig självklart att tänka på moral, och att det borde finnas något som heter moralmissbruk. Moral är för många en livsfarlig drog. En ersättning. Istället för analys, fakta och logik. Skjuta moralen framför sig som en sköld, en plog. Den hisnande brutaliteten. De rättfärdigas gnistrande särkar, bloddränkta. Att akta sig så noga för vissa.

Vissa blir höga på moral, ja. Ett element av tro där, absolut. Moralen som heltäckande matris, som en urkund, en helig plats, en slöja, jag vet inte. Men jag vet att man måste våga språnget när det otänkbara skett. Det kvantfysiska harsprånget.

Det kvantfysiska harsprånget mot den åder eller hand där en hund lägger huvudet och ryggen för att slippa få normal näring. Det finns saker vi måste förvandlas fruktansvärt drastiskt för att se. Det finns nästan omätbara ting.

Ting och rum drivs fram av sina egna rymder som av kristalliska motorer.

Motorer av torkade rosor och människohår vaggar mig. Alla foton på mina döda vänner och lila malar fladdrar bort och äter hår från madonnor. Jag struntar i vad de heter inatt.

Inatt går jag upp, kryper en mil och lägger den antika jättekotten bland svartvita lågorna som nästan evakuerat öppna spisens gomsegel. Det sitter en krans med barr i basen på kotten.

Kotten väser och sjunger. Katten sover och brummar dovt. Som en neutronstjärna. Där nere, mellan mina fötter, där ligger en hemkommen stjärna och snöar. En stjärna av nätter.

Stjärna av nätter
släpp aldrig ner mig
Stjärna av konden-
serade nätter, släpp
aldrig in mig i tiden
igen, eller jag vet
inte. Jag vet inte
om jag vill att allt
detta bara ska vara
en dröm, och jag vet

inte varför man alltid
säger *bara* en dröm
men jag vet i alla
fall inte om jag vill
att detta ska vara
en dröm jag kan flyga
ur eller verkligheten
men jag vet att katten
sover på min mage
och att sanningen
aldrig är en gäst

(gäst är bara
jag i evighet)

Sanningen finns
längst ute, hos
renaste mörkret
eller inte alls ...
och med detta
ska jag sluta prata
nonsens och
stiga upp, dvs ner
till min renaste
skugga osv

Mot en underjordisk sol

Det regnar stjärnlös olja
bakom tidens ansiktshud
Det rinner jordigt stearin

ur Gud och hennes hund
Båda ler som om de hört
att himlen snart går över

Båda blundar som om de
just känt en svartvit låga
skrapa jordens tinningar

De tiger som om detta liv
måste komma efter solen
På stränder tatuerar de:

orden ska gå ner och oljan
ska svepa Gud och hennes
trånga barn av flätat ljus

och sedan kommer ingen
ställa några frågor längre
Ingen kommer längta hem

och ingen måste komma
bort på ordens skare mer
och det är allt att minnas

det är allt att skriva om
på vägen ner från orden
mot en underjordisk sol

Efter tiden (vesper)

Ja, allt sår redan aska
Du har ingen massa längre
så lyssna på vår vesper

Det finns en annan sorts
död att dö, och ingen sol
kan hindra dig att växa

En andra kropp och nyfödd
skugga kommer efter tiden
Glöm aldrig. Förlista månar

vaggar stjärnor i det tysta
Din tid är vätska. Din aura
går isär i sten men lämnar

sin kopparhud på marken
Dina inre stjärnors skuggor
är världshav. När ingenting

orkar säga vad det heter
kan deras svarta spårljus
vara segel mellan tankar

Glöm aldrig. När ingenting
säger vad du heter längre
kan någonting som aldrig

känt dig glida ut ur sten
En nyfödd skugga. En andra
kropp att vika undan tiden

Minnet droppar silver

Idag står tomma duggregn stilla
mellan husen. Nästan ingen jord
som bränns i minnet. I ögonvrån

på ett adopterat barn som tappar
en skalp av sol hos något andlöst
sommarlov. Minnet droppar silver

i blod. Du ser. Hur barnet drömmer
Glömmer. Hur det fyller sig med sand
Blir törstigt. Så tidigt blint för tiden

Minnet droppar blod i silver. Vintrar
slår in som rosor. Adopterat
av en hundlik tystnad skriver barnet

med fingret på en klippvägg vem
skalpen togs från. Alla hennes namn
Så skriver barnet om en höstdag

Barnet skriver om en förort. Träd
med glaslöv. Fönsterlösa höghus
Nästan ingen jord. Barnet skriver

om tomma duggregn som står stilla
Konstig frid. Nästan ingen jord
som bränner i din ögonvrå

Du skriver noga över barnet
som beskriver dig som jord
som flyger bort en ögonvrå

Avd 0/SÖS

Är nog Avdelning
0 på SÖS men ingen ler
bakom glasväggar
Det är nog morgon
och ingenting för fönstret
men ljus är väl rent
Rummen är frysta
kaffekoppen förångad
och hjärtslagen få
De knyter kanske
ett osynligt nät mellan
träd som liknar barn
Jag vet ingenting
men väntar på det mesta
men det är så sent
Tingen vill inte
säga sina namn högt
och all tid är rum
Blodet skär silver
och bygger drömkliniker
av brända jorden

Magnetisk hud av årstider

Det är vår men du
skördar bara de äldsta
nervträdens skuggor
Som om ingenting
måste vända dig som snö
av bladguld längre
Av universums skrik
finns bara grå blåsljud kvar
att störa din kropp
Det är vår men du
du väntar på att vänta
och sluta med det
Och du väntar på
så många tider att du
förångas som guld
Och du väntar på
att en sten som flyter i
handen ska sjunka
Du väntar ännu
med fötterna begravda
i utrymda regn
Du väntar ännu
på att falla hem, men tom
jord snöar förbi
Någons ansikte
fyller ett fönster, tömmer
det på sekunder
Bilar smälter bort
tungt som ingenting alls
hos svartvita moln
En brant silversol
gjuter fin sand över blod

för att simma hem
Det skulle kännas
som en sorts nåd att följa
solen till dess strand
Det skulle svalka
men en rund stens ansikte
dränker dig i tid
En magnetisk hud
av hårt sammanpressade
årstider skär dig
Du blir inte barn
förrän stenens ansiktes
kristaller blommat

Jag är inte ditt alibi (okrossbara sidan)

Blåser

Blåser det

Blåser
det nu

Blåser
så nu

Blåser så
illa i marken
lilla för sista gången
sköna sista gången
men märker
du aldrig allt
bara barr
efter barr

Kommer du
någonsin nå
förbi alla dina
självgående
hjärnspöken

Jag är inte ditt alibi
Ville aldrig vara det

Och jag kan inte komma på något
finare att ge än olika sorters sten

Ordsten. Stenord
Okrossbara sidan

Jag trodde faktiskt du
skulle förstå långt före
denna vår öde
inälvspromenad
på näckrosblod
att sista stormen
inte har något öga
någon fin svart sol
att begrava
åldrad
himmel

Kommer du någonsin
verkligen falla utanför
dina små älsklingsord
Jag tror tyvärr inte det

Nu börjar du rapa upp dem igen
Du låter som en abstinent junkie
som hoppas att någon liten lögn
ska fastna bara flödet är ymnigt
Det underliga är att du själv tror
Du tror verkligen du känner mig

Men att jag aldrig
talar om mig själv
skrämmer dig inte
Jag är trött på din kroniska
kokong av missupfattningar
och underjordiska faktafobi

Jag är trött
på att försöka säga
till dig att jag
inte har någonting du behöver
att jag aldrig haft det
och att jag redan tagit
ansvar för allt väldigt
väldigt mycket jag vet
allt jag inte borde
gjort och sagt

Jag är trött
på att försöka säga
till dig att jag
bara kan hjälpa dig
orka fortsätta existera
genom att låta bli
att hjälpa dig orka
och att det varken är mitt
ditt eller någon
annans ansvar
att förändra
någon
av oss

Jag är trött
på att försöka säga
till dig att det
är bäst vi går
till varsitt solsystem
så vi får plats
att andas in
mörkren före
våra födslar

Jag är trött på fruktansvärt mycket
men inte alls
på mig själv
fast det skulle se
fint ut i dina ögon

Jag är trött på att tiga
om saker jag ser jämt
Exempel. Ett exempel

en spiralvriden
snurrande myrsträng
hänger över vinterns
allra första ömsinta
leende

Det finns många saker
jag trodde du önskade

Himlens silverfontanell
är din om du vill ta den

Du säger att jag
är en barnunge när jag
pekar på himlen och jag
orkar faktiskt inte svara
att det är barnljuset
som är det viktiga
det enda viktiga nu
nej jag orkar inte säga
det där om barnljuset
en enda
gång till

Ådrade
himmel

Och så du
kommer du
någonsin se
förbi alla dina
självlysande
spökskrivare

Jag är så väldigt trött på att fråga och jag
har glömt vilken betydelse ett svar kan ha

Och vill jag verkligen höra
Jag vill kanske inte ens veta
om jag vill höra. Kanske jag
bara frågar för att få andas

Medan du idisslar
ett sorts mummel
flyter jag in och ut
ur en skål av nåd

Jag försvinner redan
Märker du någonting

Det slutliga återvändandet

storstäderna är glödande luftbubblor
människorna stjärnlösa strömvirvlar
där bara små cerebrala kristallpunkter
kunnat inkapsla barnslig simförmåga

det slutliga återvändandet har pågått
mer än ett sekel men hos människorna
gör det sig bara påmint som bränningar
av sömnstörningar och djup epilepsi

innanför himlen precis ovanför Antarktis
vrider sig och imploderar isblå klippblock
gnager hårfin sand öppningar i rumtiden

under ligger skogen av autistiska och döva
lindebarn som vaket ser hur underjordiska
ektoplasmaänglar flyter ner med trädrötter

Bara ännu en sommar att bleka

Ännu en sommar
att bleka bar hud
i fönster som står
alldeles för öppna

och solen och månen står
lugnt ansikte från ansikte

En avskuren ödesgudinna
går längst upp på ett berg
för att slippa vara ensam

Är hon tvungen att stanna
Hon tröttnar inte på att äta
på sommarens hundhuvuden
av pärlemor eller att glömma
människovalparnas vrålande
containrar av hamrade tårar
Hon är tvungen att stanna

Stilla hör hon dem pulveriseras
uråldriga äppelträdens stammar
De bar en stel och regional feber

Hennes bortersta
önskningar skakar
Stammarna smälter
verkligen in i hennes
glömskas kranium

Är det ändå meningslöst
Det är ändå meningslöst
men just därför så mjukt

Är också mjukt
och meninglöst
så meningslöst
men underhållande
att se svartvita åkrar
bomba en mutistisk
himmel med leriga
kärleksbrev

Det är väl bara ännu
en sommar att bleka

Glasäpplen
att smälta
och dricka
ur tystnad
som nätter

När hon är mätt och glad
väver hon varsamt glesa
spiraltrappor som förbinder
en omänsklig fattigdom
med svarta stjärnbilder
Det är inte gott
men ärligt tänkt

Äntligen för sent (vårens silvergrå autism)

Och så äntligen för sent
att ta rygg på sitt namn

Äntligen vilse
Äntligen glömd

Läpparnas sista vällingaura dansar
mellan träden och får dem att snöa

Både kroppen och skuggan är framme
och hoppas att ingen sitter och väntar

Att ingen sitter och väntar vid ängen
och skymmer vårens silvergrå autism

Där framme blåser en stjärnlösa äng
som spricker upp av djupa järnfjärilar

Men kanske för tidigt att gå ut
Är alldeles för tidigt fortfarande

Måste jorden vara borta först
Jorden måste vara borta först

Man slickar trädens tumveck så länge
eller är bara deras skuggors blå saliv

Och i ögonvrån är någonting
Så tätt att det håller en kvar

Vad som än händer
Vad som än brinner

Någonting att blunda runt
Någonting att blunda rent

Ett andra språk
Ens enda språk

Det blåser så lätt fram och tillbaka
och det går inte att smeka sönder

Är det medicin eller eller sandsten
Det visar sig när man gett upp allt

Vilken form det tar bestäms av
vad man väntat på och trott på

Inte blöder det andra språket
enkla svar och vita spådomar

Det kan inte ta en till världen
men det kan ta en ända hem

Du lilla olästa sommarkristall

Slagg-
pärla

Du lilla
kristall

Du tyngdlösa
hjärtformade ask
på en inverterad
stjärnhimmel

Svarta stjärnorna
Mjölkvita isoleringen
som lyser oändligt

Varför ska du jämt vara så hängiven
det ingen väntar sig att du ska göra

Varför envisas du
med att försöka trösta
alla och ingen alls

Du vet mycket väl att du skulle börjat
med dig själv innan du föll ut i världen
och när du försöker närma dig störtar
människor
lätt undan

De vill inte ha
din kropp alls

men du absorberas ändå av alla utom
dina patienter som du inte hinner med

du försöker ensam
svabba personalens
tårar från fönstren
och efter några dagar
går all din psykiska
energi åt till att kväva
lusten att säga högt:
det kan inte vara
landstingets fel att ni
lider av kärleksfobi

men någonstans
lär du dig vandra
alldeles utarmad

men ibland kan du fly till lösa nattvak
och som sommarvik. blir du ju osynlig

Korridorerna så brandsäkra
men sommaren brinner inne

Varför orkar du bara lära dig saker
som bara slår rot längst ner i diken

Varför bryter du bara osynligt ljus
och varför bryter du det så enkelt

Du lilla olästa
sommar-
kristall
pärl-
slagg

lilla
isblå
barn

Du som alltid är för sen
till skuggan och för tidig
till varje solförmörkrelse

Ska hela
livet hinna gå
innan du förstår
att sommaren
som slösar
bort dig nu
inte vårdas
eller älskas
av någon
annan
än din längsta
skugga

Kosmisk grovskiss

vi gör tillsammans
båda skriver och ritar
så får vi väl se

och jag vet inte
om vi blir klokare nu
men vi försöker

det finns så många
sätt att börja men självklart
bortersta natten

bortersta natten
som inget sorts teleskop
kan absorbera

men vi ska börja
med någonting helt annat
med sista tiden

kommer en tid när
ingen behöver skilja
ögon från tänder

och sanning från lögn
det kommer en tid när allt
förklarar sig fritt

den tiden kommer
men då finns ingen kvar
för att ta bilder

och rapportera
om den outhärdliga
kränkningens faser

det kommer en tid
när bortersta natten får
resa hem för gott

kommer en tid när
bortersta natten reser
ända till jorden

det kommer en tid
när bortersta natten får
landa på jorden

för att skilja den
från rumtidens tvångströja
men utan ett ljud

det är då solen
sväller upp och äter jorden
men det är inte

bara fruktansvärt
för ur sista kränkningen
faller våldsam frid

när solen ätit
jorden har ingen av oss
någonsin fötts

och finns det en gud
får den en tyst ensam plats
att försvinna till

att försvinna till
för att kunna tänka om
tar ingenting slut

och finns det en gud
får den någonstans att så
när tystnaden sväller

en grav där svarta
fridlysta stjärnor simmar
på ett fat av kraft

tar ingenting slut
simmar fridlysta stjärnor
ingenting tar slut

Det är så enkelt

det ser upp och jag
som ser ner undrar varför
jag känner tvärtom

idag speglar jag
mig i en slät kopp kaffe
men bärgar ingen

det gamla fostret
precis vid ytan bara
frågar och frågar

är det så enkelt
så förolämpande lätt
att mynna i natt

är det så enkelt
som att blinka bort duggregn
det är så enkelt

det är så enkelt
som att alla saker jag
älskar att älska

var och en ska jag
göra för sista gången
jag kommer kyssas

somna drömma gå
falla stiga och skriva
någonting ganska

nervöst och fridfullt
om att livet är ändligt
en sista gång stilla

och alldeles snart
frågar jag sista gången
är det så enkelt

förolämpande
lätt att övergå i natt
brinner det inte

och jag kan svara
mig själv att det faktiskt
är oändligt lätt

bara att blinka
bort nerblåsande duggren
och krypa ihop

sjunka i himlen
som en strandsten tills bara
ringformade moln

finns kvar att gråta
över och alla mina
dumma metaforer

och poetiska
fossilkyrkor mals till mjöl
av barnansikten

mandelformade
som inte låter någon
skriva sig helig

de ser allt mindre
av min tunga och allt mer
av min nedre natt

är det så enkelt
som att de ser i mörker
det är så enkelt

En jord på stranden

en jord på stranden
en bortglömd jord att vagga
mellan gräsrötter

ta denna kropp nu
det kommer inte fler ord
det är skönt att gå

nästan inga kvar
bara gräshoppsänglarna
att bygga bort allt

allt deras murbruk
att hålla kvar denna kropp
hos dess sista strand

är bara sand kvar
att hålla ihop drömmar
hålla dem rena

så tomma vågor
som öppnar sina ryggar
i silver och blod

nästan inga kvar
det är gräshoppsänglarna
som börjar timra

timrar en gammal
ensam jord och bygger bort
en ung torr lertäkt

ta dessa ord nu
det kommer ingen hit mer
det är skönt att se

och se att kroppens
sista strand kan vara dess
första livmoder

där var en fågel
den blödde silver i blod
havet är hudlöst

Fragment av eskatologiskt småprat

vad har du tagit
kaffe och prinsesstårta
men var var vi nu

men var inte rädd
vi är ju alla framme
redan vid födseln

du och jag är snö
aprilsnö är du och jag
små grå klichéer

jag vet att du vet
men jag säger det ändå
en isbrytare

vår tid är bara
en suck inuti en suck
språket är bara

en exotisk form
av tystnad som vi älskar
att slicka sönder

och språket kommer
aldrig inkapsla all sorg
så sluta hoppas

fråga ingenting
döden är ingen svartvit sol
ligg vaken inatt

och när du ligger
vaken ska du drömma om
stjärnhimlens brinntid

så har jag sagt allt
jag ville säga och du
kan andas klar natt

ska du ha påtår
jag ska i alla fall ha
och dammsugare

Nio

nio blinda barn
bygger en våg av dimma
nysnö och bladguld

nio snöänglar
hänger upp en tom himmel
längst ner i jorden

idag är klockan
bara nio som molnen
och min hunds hjärtslag

klockan är nio
alla människor och djur
är nio idag

nio andetag
och snöänglarna bränner
nio blå hårstrån

nio blå lågor
tvättar ett hundansikte
med nio ögon

och hundögonen
tvättar bort mitt ansikte
så jag kan vägas

Alldeles för kort vinterelegi

så blev det vinter igen
fast ingen ville komma
hem till sin ensamhets
kroppsvarma bikupa
inte någon egentligen

och nu växer vi inåt
och blir bara starkare
fast vi inte vågar det

finns det en gud
är den namnlös
och ogripbar
som hjärnan

detta är en alldels för kort vinterelegi
som kanske bara kanske kommer följas
av en femte årstid och gör det ingenting
att jag inte orkar skriva en längre elegi
inte orkar för det är så mycket halvljus
som suger ut mina tankar ur tinningarna
suger ut dem och nattar dem i fönstren

tiden är hudlös
och lämnar bara
rymd efter sig
i handlflatorna
när vi dricker
varandras skuggor
tomma
och vita

inga fasta föremål
vill säga sina namn
och all sorts läkning
av alla sorts stjärnbilder
kan bara ske i skyddet
av ett snöoävders
gyllene autism

himlen är ansiktslös
och stjärnlösa dagar
faller till osynlig nåd

Nattskap, tröskelvaro

Nej inte tystnaden, den mörkblå jag
brukar väckas av. Bara en försilvrad
autism som blåser runt i lägenheten

Inget sovrumsfönster. Bara en kristall
som blöder mjölkvit tid på mina händer
tills de smälter och sugs upp av täcket

Och inte ett porträtt som orkar kyssa
mina fotspår längre. Bara bruna filmer
om barn som inijicerar guld i ögonvitor

Inatt blir tingen bara svarta stjärnor
och ett litet blindfött barn bryts loss
från himlen innan jag kan stoppa det

Inte mycket mer som kan beskrivas
Det växer små kristaller i ett nattskap
och flugor murar denna tröskelvaro

Jakten på tomrum

har alltid vetat
det innersta är könlöst
stilla simmande

har alltid vetat
det måste finnas tomrum
för att vidröras

kanske kan natten
som kommer och går just nu
utsöndra tomrum

fingrarna flätas
över könet för klockan
får inte bländas

tystnaden sviker
inte vargtimmens hårstrån
som suturerar

oframkallade
avklippta barndomsminnen
på en sammetsfilt

fingrarna flätas
tätare och tätare
över könets grå

ljus för att resten
av kroppen ska få flyta
ostörd på smält glas

smält glas som droppar
och droppar ur frånvaron
av mänskligt sällskap

ingen människa
människorna får komma
efter denna natt

först efter denna
natt när ingenting sviker
jakten på tomrum

Mal, malängel, stenträdgård

Det blir bara mindre och mindre begripligt ... oläsligt till och med för mig själv ... det var meningen att det skulle bli en dagbok ... en kristall bara åt mig själv ... det blir bara naiva gruskorn ... idag har jag försökt skriva om en sandängel istället för att skriva dagbok ... sand istället för snö ... röd snö ... det var ett planetariskt ansikte över snön ... tror jag ... någon sorts totem ... indianskt ... en magnetism där ... att jag under det börjar bete mig som tidvatten ... dras upp ... upp ... ut ... har ingen aning om var det kommer i från ... förstår ingenting ... ingenting ... jag har ingenting att skriva längre ... ingenting ... att skriva ... jag har kanske aldrig haft det ... jag bara grubblar ... jag är en självätare ... tio års skrivande har inte ändrat på det ... jag frågar om & om igen var jag kommer sluta ... om jag någonsin kommer sluta ... sluta sugas ut mot det där ansiktet jag inte kan läsa ... omänskliga ansikte som tindrar ... som en pulsar av koagulerad ömhet ... nu har jag visst börjat skriva ... jag kanske borde sluta ... jag kanske borde fortsätta ... jag kanske borde sluta ... kanske ... kanske har denna text med det där tindrande ansiktet att göra ... gravida ansikte av bara ögon ... jag undrar om det är där jag kommer sluta ... just nu är jag så imaginär att jag inte ens klarar av att skriva kommatecken eller versaler ... men nu måste jag skynda mig innan orden tar slut ... de regnar så snabbt & häftigt de få gånger de lossnar ur tidens boklungor ... jag ska nu börja eller rättare sagt fortsätta med att återvända till en svår natt ... det är en gång en natt ... en av alla nätter när jag mumlar till himlens sandiga bakhuvud att jag varken orkar andas vatten eller falla till månen & tiden bara känns som hopknuten cigarettrök föreslår en glasaktig barnröst någonstans till vänster om mig ... alltid på sidan precis där jag inte hinner se ... den glasaktiga barnrösten föreslår att jag ska skriva över själva tiden... den säger att tomheten skriver en bok tvärs över mitt ansikte ... att det är gott ... den säger att jag ska skriva om ett djur kanske en insekt istället för att utsöndra obegripligheter som en snäcka där jag gradvis försvinner in i mig själv som en annan filosof ... jag svarar att jag kanske kan skriva om malar eller andra insekter men rösten är redan försvunnen ... den hinner inte svara ... jag tänker att jag inte vill skriva om dödsinsekter ... ska jag skriva om insekter vill jag skriva om modersinsekter födelseinsekter reinkarnationsinsekter eller kanske inte insekter alls utan en hund som många gånger förut eller en hundgud någon sorts antigud ... jag börjar arbeta dygnen igenom medan jag tänker att sömnen är en kronisk sjukdom & att nattens drömmar bara är parasiter som suger i sig bilder färger & filosofier direkt ur benmärgen & att nattens drömmar är kristalliska parasitsteklar som inte vill ge mig sina ägg eller att de är nätiga fladdermöss som känner mig lika bra som de känner insekter i mörker ... sy för guds skull igen öronen på dem med barnhår tänker jag i bakhuvudet ... samtidigt försöker jag arbeta ... först tänker jag skriva om en hund eller var det en pojke ... lasaruspojken ... men när jag letar efter anteckningar om hunden eller pojken ... jag tror det handlade om en sensationell drunkningsolycka att pojken överlevde i nollgradigt vatten ... medan jag letar efter anteckningar om pojken eller hunden hittar jag istället två datautskrifter ... två av Takeshi Kawamotos malar ... jag gjorde nog utskrifterna med tanke på att använda dem som jord längst ner i en dikt ... det kanske blir någonting av dem ... utskrifterna är gjorda med en enkel bläckstråleskrivare men ursprungsbilderna är så starka att de överlevt ändå ... de överlevde solljus för länge i ett fönster minns jag ... de är gjorda av sten fast de är så skira ... om dem kan jag skriva ... jag skriver att den första bilden heter Mal ... en teckning ... den är immateriell & nästan omöjlig för mig att sammanfatta ... grått papper ... en amorf människogestalt som jag upplever har kvinnliga drag ... kanske en antydan till bröst ... gestalten är på väg in i eller ut ur pappret & håller vänstra handen framför sig i en outgrundlig gest ... mjuka & böljande vingar som antingen bildas eller löses upp ... jag kan inte avgöra vilket ... vill inte bestämma ... vill hellre flyta runt på taoistiska uppåtströmmar ... det finns mjukt antydda virvlar bakom & runt gestalten som är änglalik & sorgsen ... ögonen är öppna & svarta med lodräta streck eller skuggor ovanför som påminner om skador ... bara en arm syns ... högra armen syns som en underlig utbuktning ... jag undrar ... är den bakom gestaltens rygg ... varför det i så fall ... nu ser jag också att gestalten har någon sorts hår ... en böljande rörelse ... ett moln på sidan av huvudet & ovanför ... det är någonting fruktansvärt skrämmande & samtidigt eteriskt förlåtande med den här bilden ... liksom med den andra ... den andra bilden är gjord med penna & vattenfärg ... den heter Malängel ... det är ytterligare en människogestalt med vingar ... andliga ogripbara färger ... vitt grått lila rött ... bara lite rött ... ett ovalt blundande ansikte som en lilaskimrande mask ... kanske en nomask ... en hopkrupen malängel som håller om sig själv med en överdimensionerad vänsterarm ... någon sorts klänning eller kimono antydd under armen ... den här malängeln verkar upptagen av smärta ... födelsens smärta eller dödens eller båda ... kanske drömmer den ... nu får jag syn på fötterna ... malängeln står på knä på ett avigt sätt kanske hopkrupen på grund av smärta eller en hotande fara utifrån ... eller kanske inifrån ... det ser förresten inte riktigt ut som om ansiktet hör ihop med kroppen ... vid närmare eftertanke ser det inte ut som om någon kroppsdel direkt talar med de andra ... hela varelsen är kanske mitt i sin födelse ... nu kommer jag att tänka på att jag måste berätta om det märkligaste som har att göra med min porösa nattsömn ... ibland när jag vaknar mitt i natten ur en orolig dröm finner jag mig ibland liggande i sängen förvandlad till en jättelik insekt ... en mal ... en maloid ... jag har då armar och ben men också vingar ... jag är täckt med fint damm precis som en mal ... detta händer alltid bara i början på sommaren ... & jag måste berätta mer ... allt detta skrivande & bilderna får minnesmjöl att utsöndras under huden ... det är som en lavin av sanningar ... jag förstår inte hur jag kunnat glömma ... jag har ju börjat skriva i helt fel ände ... hursomhelst vet jag ... jag vet att det någonstans i världen finns en riktig malängel ... den besöker jorden en gång om året ... malängeln flyger genom silver i blod ... den flyger ensam genom silver i blod ... malängeln vet att det viktigaste den bär i buken är tomhet & sand ... tomhet för att kunna andas ... sand för att kunna se eldarna utanför tiden ... malängeln flyger sig så stilla den bara kan ... den försöker förstå att tiden inte lyssnar på några människor utom de länge döda ... malängeln flyger genom silver i blod ... bara genom silver i blod ... malängeln flyger genom silver i blod utan att sova ... den flyger sig tyngre & tyngre ... glödande tidsflikar skjuts in i dessa panna ... kunskaper & bilder som aldrig var menade för den trängs som packis i dess hjärna ... medan jag skriver detta knaprar flugor på dimma som stiger & stiger precis över dess rygg ... jag hör svagt att en ängel snurrar inuti en mal som sjunger ... en barnröst jag inte längre hör släpar sig hem till varje mals oläsliga ängel... om jag skriver länge nog framkallas kanske varje mals oläsliga ängel på min tunga ... jag vet inte varför jag skrev de här senaste meningarna ... jag undrar var jag tappade tråden ... varje mals oläsliga ängel på min tunga ... jag tror det betyder att jag snart ska kunna höra malängeln starkt som under havsvatten ... att jag ska kunna se elektricitet som formar små örnar ... örnar som flyger fram & tillbaka över öknar ... jag känner till en mal som en gång i tiden inte ville vara en gång men slutade som malängel ... den ville så mycket hellre vara långt under ytan på skelettkorall ... varje mals oläsliga ängel sitter skräddare på en strandklippa som påminner om rött salt ... jag kanske måste lämna varje mals oläsliga ängel nu ... jag vet inte om jag ska skriva om malängeln eller varje mals oläsliga ängel ... kanske är de en & samma ... jag har i alla fall en mun som liknar en helt öppen liten mal ... i alla dräkter har jag vit ögonring och i det närmaste helvita vingar ... min sista bädd ska bli så öde ... så öde som färskt gräs ... jag kommer inte att nöja mig med dessa ständiga otillräckliga rent av utarmade ord men de duger som trappsteg när jag tar mig ut till min mal ... vilken mal ... lasarusmalen ... den som växer ut ur min rygg ... jag glömde berätta ... ja den ljusa malen som växer som en blomma & har rötter inuti en guds ryggrads mjuka häll ... sedan blir jag & malen ett ... ja visst låter det fysiskt omöjligt & inte skapar denna knapphändiga beskrivning någon näringsrik inre bild åt någon läsare heller ... men jag kan säga att förklaringen duger ... den duger om någon läsare vill ta sig ut till samma tomma mal som jag kämpat för att ta mig igenom ... nu är det väl tre malar ... eller fem ... som kanske är en & samma ... jag hoppas det ... men jag vill egentligen bara säga att man ska vara rädd om meningslösheten ... tomhetens heliga hjärta ... Tao ... var rädd om tomheten utan den kan ingen ingenting röra sig ... jag kan kanske säga så här ... tänk att kroppen är i sin enkelhet ... att stjärnorna ligger pressade mot den ... att den är natt ... men klockan är redan tre på morgonen hos mig ... det är onsdag morgon i slutet av oktober & jag tänker att varje mals oläsliga ängel sitter skräddare på en strandklippa som liknar rött salt ... det har jag väl redan skrivit ... det kanske är allt ... nej ... följande är vad denna obetydliga & kroniskt kaotiska text verkligen är ... med nåd för blinda är den tungans vickande i jordens kruka ... & jag är varje mals rosa rostängel ... slutet på oktober nu ... oktober tar hem alla mina tankar till varje mals oläsliga ängel ... jag har tappat tråden för länge sedan ... egentligen redan när jag föddes ... jag måste ta en paus nu ... detta går inte alls ... denna text har för många plan tidsplan eller för få ... hur som helst så har jag inte kontroll ... jag reser mig sakta & skimrande blanka ärr brinner långt ner ... jag tittar noga på dem ... de delar sig sakta för en orms blick ... kastade stenar slutar ropa på mig ur stjärnhimlen ... tysta stenar håller mig uppe ... alla de tysta stenarna håller mig uppe ... jag hoppas att varje mals sandiga rostängel snart orkar blåsa ut båda mina handleder ... då kommer jag inte behöva skriva mer ... jag kan tillägga att det verkligen växer en droppsten precis under solens yta ... detta hopplösa försök att skriva handlar förresten verkligen om att falla genom olika tiders malar utan att alls kunna läsas ... men ibland när jag sover besöker malängeln mig ... den lär mig då subliminalt att leva utan tro... den lär mig att glömma ... den talar in isblå ljus på ett litet kassettband & knyter levande flugor runt mina händers dok som börjar fladdra isär ... på dagarna märker jag malängelns inflytande i pulser ... varje mals oläsliga ängel blir då så magnetisk av min beröring att den automatiskt framkallar en stark gudsupplevelse om den befinner sig vid min tinning mer än en minut ... var var jag nu ... jag tappar tråden ... jo jag vill verkligen säga att jag inte vet var mitt ansikte är efter allt detta skrivande ... jag skulle aldrig börjat ... nu repas tidsväven upp igen ... men jag tror att denna text blåser fram & tillbaka ... att den vaggar stilla som en mals oläsliga ängel ... vaggar av damm ovanför en ljuslåga som hugger till utan att mörkna ... jag vet inte ... jag vet inte mycket längre men jag vet att mitt ansikte kommer släpa mig rakt igenom varje mals oläsliga ängel & att jag väljer att fortsätta andas ... jag måste andas & jag vet ... utan att märka det annat än som en svag kyla i handlederna glider jag dag för dag rakt in i famnen på varje mals oläsliga ängel som snart är tom nog för ljuset inifrån jordens yngsta bergart ... det sägs att tiden inte väntar på någon ... det är inte sant ... tiden har förmågan att vänta men orkar bara vänta på malar ... detta vet malarna ... det är allt de vet ... de är mycket intelligentare än människor ... de är jordens intelligentaste varelser ... nu sitter jag & skriver igen ... men vill inte ... jag ställer mig vid ett öppet fönster istället ... jag röker tre cigaretter & dricker en kopp tystnad som smakar ljummen sprit ... jag stirrar ut ... jag blinkar äntligen bort alla materia från stjärnorna ... jag stirrar & stirrar ... & där tycker jag att jag ser en barmhärtighetssyster som plötsligt växer ut ur himlen ... det är sant ... barmhärtighetssystern sväller upp till en självlysande planet ... hon blir tyngre för varje vingslag ... det är egentligen malängeln ... malängeln som kommer i form av en barmhärtighetssyster ... malängeln flyger stilla & ljudlöst ... den flyger in genom silver blod & glas men landar oskadd i min handleds regniga stenträdgård & så har jag till slut ingenting att säga ... malängeln evakuerar munnen & märgen mjukt som en gud ... det var hit jag skulle ... jag tror äntligen på ingenting ... denna text har plötsligt inget hudskelett längre ... bara en varm & blåsig stenträdgård finns kvar av mig ... äntligen ofullbordad ... jag kan upphöra med detta meningslösa drömskrivande ... detta riktingslösa mummel ... är ingen ... någonsin ... malängeln blåser ut mitt namn om & om igen ... minnen snöar ... upp ... bort ... jag vet ... jag berättar så primitivt ... obegripligt ... om man alls kan kalla detta en berättelse ... men detta var allt ... allt ... allt ... ingen ... ingen ... begravd i tomhetens heliga hjärta faller jag hem för att lysa mörkt som nysnö ...

Min innersta skugga

försök minnas
vad jag säger nu
när jag är borta
begrav då min
innersta skugga
i en grund grav
som hundarna
kan gräva upp
försök minnas
i alla fall detta
även när du bara
registrerar mig
i form av gyllene ånga
hos ett stjärnlöst
solsystem

+

invärtes klädda
med flätat gräs
cirklar kråkorna
redan över mina
handflator
ord gudar

+

alla trånga vinternätter
när jag inte orkar blunda
ser jag eldar ingen vaktar
blåsa sina naglar tomma
& jag upprepar hela tiden

för dina våta ansiktshalva
att det inte spelar någon
roll att ingen gömmer mig
för sista stormen grå öra
jag hör bara hemma där

+

försök förstå tro
att hundhövdade helgon
kommer återvända
kommer återvända
genom sista stormens
grå öra lyfta mig rakt
igenom dess katatoni

+

vår isolerings märg brinner
inte en människa på flera år
bara hundar som känner till
allt om unviversums födsel
detta skrämmer oss inte alls
vi har tvingats lära oss tro
på stjärnbilder
vi inte kan läsa

+

snart får du tro
på dem ensam
snart får de bara
tro på dig

+

försök minnas
att alla dessa stjärnlösa
dagar faller till okänd nåd
försök glömma
alla deras namn

+

försök glömma
alla namn du kan
vi är hundländare nu
vi har ingen användning
för namn siffror

+

jag vet att du
kan höra men du
låtsas inte om det
att en stjärnljus hundängel
cirklar runt oss
dygnen igenom

du ser dig om efter en silduk
av pulveriserat ljus men tiden
för sildukar är äntligen förbi

ingenting
kan förhindra
att jag springer
ut i rymden

att jag flyger
ur dina händer
och faller förbi
månen

bara där
utanför
orkar jag
lära mig
andas syre
med huden
bokstavera
någonting
kristalliskt

+

försök minnas
någonting sant
när jag är borta
drunknad
i min egen
rumtid

+

det du inte förstår av detta
alldeles säkert mycket allt
det kommer min innersta
skugga kunna förklara när
hundarna slickat den ren åt dig
låtit dig se dess kopparådror

Att vaxljus härdar min stjärna

gud kristus
& maria har varken
behövt bränd honung
eller mjölkersättning
på ett halvår
& luften ute på landet
är besynnerligt
tung av sepia

ingen utom jag ute
& i lugn & ro kan jag
rulla en laddning
cigaretter av bladsilver
och frystorkade
tårar

det växer månar
ihåliga små månar
mitt ute på åkern
av imma och sten
men ingen kan plocka
utom någon blind

jag står & väntar
på att någon blind
ska vilja återvända
från solen nedstiga
med ett barnansikte
innanför kläderna

jag väntar på kraft
att falla ja bara falla
hem till min skugga
min tålmodiga växt

på avstånd hör jag trädens
& vindens atomsamtal
& jag undrar om jag
någonsin får odla
min drömhud
i en glasburk

inga så utan tid
inga så nära allt
inga så avlägsna
som jag & åkern

med sina underliga
fingrar talar träden
& förklarar
nästan allt
jag vill vill

de säger
låt ingen
kröna dig
till heroin
eller sand

de säger
människohjärtat
har en kammare
& den kammaren
är alldeles tom
tom för att det någon

gång ska finnas
plats för en åker
av pulveriserat
månglas

de säger att
att rumtiden
bara är auran
runt ett foster
som äter sten

de säger
att vaxljus
härdar
min stjärna
väger mitt
avstånd

Mycoplasma mycoides JCVI-syn1.0.

Ett öga, en ö, ett isolat
Ett öga som har närmare
till mig än jag har till det
Ett öga som kretsar runt mig,
läser mig med röntgenstrålar

+

Det där ögat som är så ensamt,
nästan religiöst ensamt & vilar
på en tröskel av fruset råttblod
Ett blint Gudsöga som förföljer mig
utan att jag får vända, följa efter det
Det dyker upp hela tiden
Jag tror det kommer från bilden
jag såg i tidningen häromdagen
Det var en ny sorts organism
som såg ut just som ett öga
ett sömnlöst öga med blå
iris

+

Utan att märka det vadar vi
redan över kvicksilverhudar
Kvicksilverhudarna öppnar
& stänger sig oförutsägbart
Ibland alstrar de barnröster

+

När jag rotar efter tidningen hänger
det lilla Gudsögat stilla precis bakom
mig & jag undrar vad det letar efter

+

Varje ord vi svalt åt stjärnhimlen
blöder bara vatten över vår kärlek
till framtidens virvlande minnen

+

Där är artikeln. Det är ett nytt
vetenskapligt experiment, tydligen
föranlett av en etisk diskussion
Där är ögat,
med sin iris
eller gloria

+

En gång lovade en orkan de förtvivlade glaständer
Nu kan ingen sand tvätta bort änglarna från någon

+

En forskargrupp har nyligen skapat
en cell som kan reproducera sig själv

+

Vi kan inte längre söka efter främmande regn
med förmågan att spricka upp av kroppslighet

+

Man kallar detta en vändpunkt
Tydligen är detta första gången
någon lyckats skapa en artificiell
cell med förutbestämda egenskaper

+

Ett blint öga rullar över dessa ord
tills det kan höra alla våra andetag

+

Flera forskare är försiktiga
& vill inte säga att man skapat liv
Enligt en forskare rör det sig inte om
en syntetisk organism,
utan en organism med ett syntetiskt
genom

+

Vi hör men ser inte ormen
som gråter metalliskt mjöl. Vi hör
men förstår inte vad. Vi tror vi hör
vind & löv. Ormens jordbruk ryker
Det blinda Gudsögat lyssnar
genom oss, efter sin framtid

+

Den nya cellen kan beskrivas
som ett slags mycket primitiv bakterie
utan cellmembran

Man hoppas nu
på flera industriella användningsområden

+

Den förlorade paradoxen
bakom oss är självlysande
Det finns inget mysterium
Himlen lämnade oss bakom
sig medan vi var upptagna
med att bekämpa fåglarna
Den förlorade paradoxen
tar nu igen förlorad sand

+

Bolaget som äger rättigheterna till tekniken
bakom cellskapandet har många projekt
för syntetiska organismer. Det finns ett kontrakt
värt flera miljarder kronor med ett oljebolag
Man ska ta fram alger som är tänkta att fånga in
koldioxid och förvandla det till bränsle

+

Katakomberna vi tömde på rum
för att få plats med vårt paradis
gnager drömmar från våra pannor
& det lilla Gudsögat skrapar
stjärnor från ett katatont
hav

+

En förhoppning är att den nya
upptäckten ska leda till mediciner
Ett nytt influensavaccin
väntas vara klart 2011
Vad som händer när ett nytt
släkte av syntetiska organismer
självständigt börjar interagera
med en naturlig omgivning
diskuteras inte i artikeln,
inte heller den kommande
militära användningen,
tillverkningen av extremt
farliga bakterier & virus

+

Vi tältar tätt intill ingenting
men kan inte vända tillbaka
utan att utplåna allt vi byggt

+

Rengör alla väggar
Vi är dolda för evigt
Råttor äter sig friska
på fett från hål
i vårt förflutna
Långt borta kan vi tydligt höra
en livmoders silver lysa brinna

+

Cellen är namnlös, men forskarna har döpt
genomet som använts för att bygga upp den
till Mycoplasma mycoides JCVI-syn1.0.

+

Ett kranium av fett begraver guldkulor
i tinningarna. Det går inte att säga just
nu om det är för att skydda eller förstöra
guldkulorna. Solens livmoder är orörlig
Fönstret till andevärlden
vägrar öppna sig för oss

+

Det lilla Gudsögat
läser snabbt ut oss

+

Det enda vi vill är att flyta upp
till träden, falla hem till molnen
Det där lilla Gudsögat hänger i vägen
Det kommer överleva oss & vår årstid
Genomskinliga skrik på båda sidor
av en okrossbar glasruta ska vägleda
nya främmande livsformer över oss

+

Varje ord vi svalt åt stjärnhimlen
blöder bara vatten över vår kärlek
till framtidens virvlande minnen

+

Det lilla Gudsögat
börjar stryka orden
från mina tinningar
Jag undrar vad det inte vet
Detta tomma
rena Gudsöga

+

Jag förställer mig
att du ligger på glas,
en supertunn glasskiva
från något laboratorium,
att du badar i klar
vätska. Snööga
Paradoxalt
kärleksfulla
ö av autism
Askpunkt
Isolat
lilla ö
noll-
öga

Granitvagga, metall, hibernaculum

1

din granitvagga
rymmer så många
sorters tystnader
kanske min med

2

regnvita foton från skärgården
blåser glashud runt dina tankar
nätterna är flytande rispapper
jag vaggar sönder till ansikten
& hjälper dig äta när ingenting
vill säga till dig vad det heter
gud är en kolstjärnas
fina strålning silad
genom fruset syre
du är ett ljust hårstrå som hänger
stilla ovanför en nattskjorta
sydd av fuktig lera & stendamm
jag är en sked jordig ljusskrift
som skrapar tid från vattenglas

3

tummad mossa & ömtåliga
kitinskal är över lägenhetens
smutsiga & mjuknade fönster
solen hinsides solen
håller mig vaken igen
& snart ser jag inte

längre vad jag skriver
jag tänker på att återvända
från ditt ansiktes sandsten
innan det är för sent för mig
att mura en aura av damm
jag tänker att det säkert
är ett ljudlöst duggregn
som får fönstren att mjukna
& smetas ut över mig
jag undrar hur jag
ska förhindra det
men är samtidigt
inte säker på om jag
verkligen vill det
solen hinsides solen
pressar mot mina öron
tills jag bara kan höra
rester av din ljusa röst

4

jag tror det var du
som för länge sedan
sa till mig att nattflyn
murade alla stjärnor
innan materia fanns
jag kommer ibland
att tänka på det när jag
är för ensam & trött
som denna tidiga morgon
när det hänger nysnö
inuti alla föremål
nu frågar jag mig själv
om du kanske försökte säga
att du ständigt befinner dig

någon annanstans än jag tror
för att du är rädd för mig
kanske var ditt syfte
med att säga det där till mig
enkelt & just därför svårt
för mig att uppfatta
det är nog så & den tanken
är verklig & stilla för mig
medan jag kokar kaffe städar
& lyssnar på radionyheter
sedan går jag ut sätter mig
på den blåsiga balkongen
dricker sakta kaffe & ser
hur en näve lightcigaretter snöar
& snöar över södertälje
egentligen vill jag
sitta där till kvällen
men det är omöjligt
snart kramar bevingade
insekter dina handleder
& dagen igenom ska solljuset
bara vaggas i en öppen kritkista
det är som en sommar
som smörjs med vinter
det skulle kunna vara en hel bön
eller också bara namnet på en bön
det är som en sommar
som smörjs med vinter
amen
jag tänker på vad du
skulle säga om det
om jag sa det till dig
om du skulle lyssna
för du tror inte på någon gud
i alla fall inte någon som finns

som en fysiskt verkande kraft
du kanske tror
på gudsfaktorn
den utanför allt
som förnimms
kanske en sorts
matematisk snö
jag har nästan aldrig
hört dig säga någonting
om det i alla fall inte
någonting jag förstår
jag börjar frysa lite fast
jag har på mig en jacka
torkade sandfyllda maskrosor fyller
alla fönster jag kan se mellan tallarna
och sakta prövar jag
att säga till mig själv
att skuggan jag kastar
är en ömtålig luftrot
skugga öm
tålig luft rot
dessa ord någonting
jag kan bära runt halsen
dagen som kommer
när vi går omkring
mellan gamla gravar
& räknar lyktor
skugga öm
tålig luft rot
dessa ord
är helt vita inuti
utan handleder
& därför tunga
mot min hud

5

en ensam kväll i lägenheten
& dimma inifrån höghusen
en lysande dimma
som löser upp träd
djur & människor
så att det går att se
deras inre verkliga
strukturer av snö
hundens revben
är sandfyllda radband
& stjärnhimlen
en nedgrävd stensked
när jag ringer dig
för att fråga om du vill
att jag ska hämta dig
är mottagningen så svag
att jag inte ens kan höra
om det är din andning
dimman som blåser
in genom balkongdörren
lägger sig på huden
jag ser att det bildas
många små kristalliska
fläckar i handflatorna

6

de enda ljud som ännu
når genom Södertälje
läcker från kaffekokaren
som blåser isär sekunder
i det öppna köksfönstret
det sista vi gör innan vi åker

är att tillsammans gå runt
från regn till regn stänga fönstren
som stått öppna under natten
& släcka efter de avlägsna
pärlgrå rummen
din skugga skär
genom rispapper
utan att bli röst
inifrån din ena handled faller
ett avstånd med glasklara vingar
ett avstånd som är glänsande
brunt med nedre delen av ansiktet
gulrött uppvänt mot vit jord

7

dina armveck är tunna
& glest flätade korgar
sommarljus
är ett vackert
sjukdomssymptom
som bara kan kännas
med tungspetsen
därför måste du andas isär
rådjur som flytande lampor
växttrådar blåser upp ur stenar
& din röst taklägger duggregn
och jag tror att enda sättet
att skrapa ur ditt hundlika
hibernaculum utan att du
reduceras till ett fragment
bland andra är att fortsätta
göra det jag gör just nu hur
betydelselöst det än verkar
ja jag kanske bara pratar

pratar som du ofta menar
en stenvagga en metall
eller ett hibernaculum
jag vet inte vilket jag
ska säga eller inte säga
längre bryr du dig alls
jag vet mycket väl att du
blir trött av att tala med mig
din mun är en lykta
som flyter på en flod
dina armveck är korgar
av litium & bladsilver
din röst är snö som släpas
mellan rötterna på ett träd
dina artärer är sanddyner
ditt ansikte
är en lampa
av rispapper
& stendamm
det är därför jag
stannar kvar där
det är därför jag
skriver allt detta
det är därför jag
aldrig kan skriva
allt vi går igenom
det är därför jag
aldrig kan förstå
helt & hållet vad
det är jag skriver
i din granitvagga

Cornucopia i motljus

det är redan försent
att bygga en farkost
av lösa naglar & jag
kommer på mig själv
med att undra varför
svarta pappersplan
däruppe flyger bort
med mina ögonlock

jag undrar hur mycket om något
jag kommer kunna se av födelsen
om ögonen kommer sjunka ihop
till tystnader innan den inträffar

en blå ponny stryker
fortfarande runt ett ben
som om den trodde
att den kunde föda en varg

ett sista symptom
sjunger & sjunger
ur ett hål i marken

jag behöver inte se ner
där för att veta hur ömt
det är eller hur subtilt
dess symmetri andas
mer subtilt än fossilet
av ett ungt grässtrå

i flera år har jag känt smaken
av det sista symptomets färg
det blå jag nu ska ta med mig
till en ofarbar rumtid

vart jag än vänder mig möts jag
av samma låga bruna starka ljus
& tänker det är en underlig sol

den lyser från alla håll på samma gång

eller är det kanske
några sorts lampor
eldar

& jag har ju ingen
skugga nu ser jag
& av människorna
ser jag bara dammiga fläckar
som svider i ögonen

jag vet så lite nu här men jag vet
att jag måste ta mig härifrån innan
det där ljuset äter mig & jag ser

cornucopia i motljus
sluts & sluts & sluts
och jag känner mig bara
som en flimrande mussla
och obegripliga djur

det var landskap
en trädgård nyss
och jag då jag då

jag kan varken återvända
till cornucopia eller
stanna kvar här
nej

inga stigar
tillbaka nu

jag ska tiga mig ner
i det plötsliga hålet

ja jag är nästan helt blind
men jag hör klart så klart

jag kristall
& så tydlig

jag
hör

döva isblå toner bygger nya murar
för mig att vila på & där uppifrån
tittar jag länge på hålet i marken
& det slår mig att jag verkligen
är rädd nej skräckslagen
för mina närmaste

jag vill hoppa försvinna
i det där hålet i marken
för det är verkligen dags
att säga alla sanningen
nu och försvinna hemåt

nej jag förstod aldrig
hur de kunde låta rena
eller om deras auror
verkligen var verkliga
& jag vill inte veta mer
men nu spelar det ingen
som helst roll för hålet
i marken leder mig hem
för dem försvinner jag

men hålet leder inte bort
nej jag kommer inte bara
falla i hålet nej de förstår
inte jag kommer sugas upp
& stiga snabbt som röken
från en brinnande oljekälla
jag kommer stiga tills jag
äntligen får hämta ner
min underjordiska hud

den blå ponnyn
stryker runt ett ben
som om den ville
tro på någonting

det sista symptomet
sträcker upp handen
ur hålet i marken
& för in den i min
trär på sig min hand
som en handske
& börjar tyst
följa mig hem

varenda blomma
jag tittade på idag
exploderade
exploderade men men
det spelar ingen roll

den blå ponnyn
stryker runt ett ben
som om det fanns
någonting kvar att äta

jag tror mig
vara klippig
men det går
över & över

den vita
ponnyn
smälter

jag stiger
hem hem

Revolver

jag vaknar senare & senare
för varje år & hör ingenting
annat än ett myrlikt knaster
inifrån människors ansikten
när de pratar med mig & jag
vet det låter otäckt men jag
tycker inte det själv & jag
vet att det är ett symptom
på att jag ska resa härifrån
jag vet ännu inte vart men jag
vet att jag kommer att återvända
i form av ett okänt djur kanske
en fågel en uggla & jag har börjat
märka att färre & färre nattfjärilar
tränger undan rädslan det är friskt
rädslan för att lämna denna plats
denna främmande kapsel som jag
aldrig bett om & som bara just nu
är en människokropp
& jag är aldrig hemma
någon särskild stans
så jag kan lika gärna gå
& nu jag har tröttnat på
att kväll efter kväll sitta
och se hur solen suger färg
från en himmel där ingenting
hindrar sten från att blåsa ner
& jag är bara en dröm
en dröm ingen drömmer
en dröm om nästan ingenting
om orörd människohud
dess glasaktiga resonans

& frågorna jag ska ställa
till myrorna som byggt
en revolver inuti solen
alla frågor jag ska ställa
när jag rest
mig härifrån
utan ansikte

Interrim/mars 1999

det skulle kännas
som en sorts nåd
att hälla allt blod
i en frigolitmugg
som aldrig läcker
annat än värme
& det blåser trögt
från en nedsläckt
saturnushamn
& nu närmar sig
ingenting snabbare
än *intets hjärtslag*
men det spelar
ingen roll att vi
måste hem till det
för när jag viker
bort munkjackans huva
lossnar lite isblått
ljus från natthärbärget
ur håret & du
du kan få allt
det där ljuset
att tugga på
tills i sommar
& någons ansikte
fyller ett fönster
tömmer det tyst
på ett ögonblick
och utanför tiden
andas du & jag in
genom blå ljusår

Vila mitt svarta ljus

din närvaro är så stark
att jag blir frånvarande
och jag orkar inte lyfta
din blick av oändlig tid
och vila mitt svarta ljus
mellan våra tystnader

Exodus

Öknens tomma himmel är ett öga
Varje sandkorn är en aftonstjärna
Varje sanddyn är en öppen hand
Varje fotspår är en blåsig avgrund
Öknens skuggor skördar änglahår

Ångest och ljus på golvet

flyttkartonger står
stilla som glaciärer
och tiden droppar

och tiden samlas
i små brinnande pölar
runt mina fötter

och papperspåsar
står stilla som trädkronor
och tiden porlar

och krukväxter står
och brinner ner till ångest
och ljus på golvet

Stulen kristall

dagen är så lång och dörren så trång
men mörkret hittar ut och ljuset hittar in
och en droppkran kondenserar rumtid
och det verkar soft att molnen bara står
och rymden tittar in och tiden tittar ut
och ett dammkorn flammar upp i vinden
som har krupit fram till mig bland sprickor
skarvar svarta vita sårbart öppna streck
som ett spöke kanske ristat med kristall
men jag undrar när och om mitt yttre liv
börjar och när framtidsmyror orkar resa
för att hälsa på mig och jag undrar jämt
var jag slutar och de döda tingen börjar
och jag undrar evigt varför jag är dömd
att begrunda all begrundan hela tiden
och om huset som jag bor i älskar faktiskt
skulle kunna vara hela universum
faktiskt hela universum hela tiden
hela ljuset och om det är helt okej
att jag tänker så och kanske får man faktiskt
stanna inne hela tiden skriva barnsligt
långsamt virrigt mjukt och lätt dement
om hur allting nära efter flera dagars
ensamhet helt plötsligt sväller upp och känns
som ekot efter universums mörka början
och eld och sandkorn som förloras och förloras
mellan ljudet från en droppkran raspet från
ett tändsticksplån en fågelns vingslag någonstans
långt ute på balkongen mina grunda andetag
och en ljudlös vind kryper hem mellan hjärtslag
och kristall som evigheten stulit från Gud.

SS/opiat/ambientia

SS
Punkt-
markeringar
Ständigt sällskap
Sandfyllda lungors dagschema
och nebulösa promenader på månar
som ljudlöst förliser hos aftonglöd, solrök
en tändares guldhjul och ett barns korallrev
som sjunger om evakuerade födelsedagar på Mars

Vi är alltid tillsammans, men blåser
åt olika håll, men ändå rinner vi ihop
och plötsligt har vi en siamesisk själ
och jag längtar hem men hittar någon
sorts tröst i att skriva om dig och mig
i huvudet. Försöka sjunga någonting

SS/opiat/ambientia/boklunga/lungbok/klunga
Jag försöker memorera, men avbryts plötsligt, och nu
står vi utanför sjukhuset igen, och du måste röka

Stickspår av bärnsten
skär oss en ö på asfalten
en halvmåneformad asyl
där våra skuggor hjälplöst
släcker sig hos varandra

Din samlade avsikt är svårare att se
än en nanorobot på väg runt hjärtat

Ambiensen din ambivalens
din ångest och din gyllene autism
alstrar tillsammans alstrar ett hisnande
komplext system av energiströmmar
ett oändligt nät jag inte får kartlägga
och efter en vecka i ditt sällskap
har jag fullständigt glömt vem
som är jag och vem som är du

Mina tankar blåser bara runt mellan dina
och jag tänker att detta är vad det kostar
Detta är vad det kostar att se någonting
du eldar
till språk
och höra
ett sorts
ambient
viskande
om barn

Nysydda molnarmar
lindar en cigarett-
kedja mellan dina fingrar
som bara just ikväll
inte skakar ner
uråldriga höstlöv
över den sista
födelsedag du
vågade
fira utan
opiater

jag säger klumpigt att det snart blir snö
men jag vet likaväl som du att detta inte
är någon årstid, och att solen är en fläck

ingen
årstid

synska flugor
murar sjukhuset
alldeles mjukt

alla ofullbordade drömmars spårljus
lämnar varje ord ensamt på marken

jag försöker tänka
nytt men samma sak
bara återkommer
utan att jag förstår
varför, och jag vill
egentligen bara säga
ett par grå ord
till dig om någon-
ting grått, runt

det går aldrig att säga
om man faktiskt vill veta
vad man kommer dö av
om man alls kommer dö

om igen
om igen
igen om

jordens allra sista nakna duvor
blåser runt runt på parkeringen
där taxibilarna idisslar nyheter

en ovanligt stor askflaga lider
stilla i kaffe som ryker av kyla

medan bänken där vi sitter
långsamt töms på solsystem

alla utom vi verkar hitta
skäl att lämna alla smutsiga
fullskrivna träbänkar ifred

du röker ett helt paket
men vi kan omöjligen
bestämma om vi
ska gå tillbaka in
eller sitta kvar tills
vi lyckas ta mark

din frånvaros våldsamma närvaro
brinner brinner ljudlöst i kanterna
som ett oskrivet porträttfotografi
men jag vet inte vad jag ska säga
eller om jag behöver säga någonting
alls längre, nu när vi bränts ihop

sjukhuset ligger inbäddat
i ett sorts elliptiskt ansikte
vars hud vi inte kan loda

alla röster verkar vara
döda och drömmande

den tatuerade blå texten
på din handled skimrar
svart

du viskar att månen täcks
med kött hud och hår nu

när jag försöker svarar svarar jag
lika lösryckt som du brukar svara

det går aldrig att säga
om man faktiskt vill veta
vad man kommer dö av
om man alls kommer dö

det går aldrig att säga
om man faktiskt vill veta
vad man kommer dö av
om man alls kommer dö

det går aldrig att säga
om man faktiskt vill veta
vad man kommer dö av
om man alls kommer dö

när du speglar dig i ett fönster ser
jag att pupillerna är vita asteroider

jag vet att Guds stämband
liknar stickspår av bärnsten

så har vi suttit alldeles för länge
men någonting har jag i alla fall

men någonting har jag i alla fall
skrivit två små rader kanske hela
utvecklingsbara om ett hundöga

ett hundögas måne
forslar livets vatten

utan att drunkna har har skrivit
att jag skrivit om livets vatten

livets vatten
detta hällregn
som bara går
att kamma ut
utanför tiden

ett hundögas måne
gjuter livets vatten

ambientia animi

vi säger
äntligen

äntligen är alla
samtal omöjliga

och så ger du mig ett smutsigt kuvert
från Försäkringskassan där du skrivit
medan jag suttit och kedjerökt oändligt

du har skrivit: SS/opiat/ambientia

eller kanske ger du tillbaka
ett kuvert jag nyss gett dig
eller så spelar det
ingen som helst roll
längre, lilla hjärtat

SS/opiat/ambientia

SS/opiat/ambientia

SS/opiat/ambientia

Kram
hjärtsäck
ambiens

stopp
stopp
stopp

Hundländare

Hur försenat inser vi inte
att ögats mörker kan vara exaktare
än lampans ljus, och hur sent
får vi inte upp ögonen för
den världs som evigt segnar ner på knä.

János Piliszky

Himlens
herrelösa hundar
skäller av tidig höst

springer helt stilla

genom sina skuggor
med sina skuggor
i sina skuggor

dreglar sig
så rena
att de glöder
svagt

i fönstren ringer
deras ljusa skall

fladdrar
fina remsor
av deras länder

bostäder står
i sina hjärtan

och jag stryker ofta runt
brinnande löv
kvistar, kläder

dricker rökens
fallande fetma.

*

Himlens
herrelösa hundar
leder hem
människa
efter människa
i nerverna
till hennes
strand

korta, smala remsa
där öronen
drunknar som foster
i vinden

vattnet är en vägg
att ha pannan mot

staden har tänt
sina fasett-
ögon

lämnat
kaffe blir oljiga
månar i muggarna

resten av livet
tassar i huden

kraftledningar
av dimma skär
genom jorden.

*

Buckliga, nerfällda
svartvita persienner

den stora, nakna
enrummarens
tunna hud av nikotin
är iskall
fast det nästan är kväll

din ryggrads skugga
andas på mina revben

den heliga jungfrun på teven
är av plast, ihålig
som himlen

har stoftig
eftervärme
att sprida

svarta tassavtryck
sjunker långsamt
i linoleummattan

inte en människa
lyfter ditt ansiktes
avskalade mandel

du ser ut som du
fallit i djup koma

dröm åt mig

dröm i rött, svart, rött.

*

Lokala, svarta regn
kaffekokaren, stolen
knäpper så avlägset

ingen inre röst
ingen vissling
inifrån mig nu

när du inte är hemma
känns det som om det går att gå
rakt igenom väggarna

det är ingen födelse
det är ingens musik

pappers-
tunna hjärt-
slag slår
bort ljus-
avlagringar
från tinningarna
och pannans
sten

det är tystnad som faller fritt
och når vävnad efter vävnad

och den lägger sig
under ögonlocken

ser jag
jag ser

jag ser min nakna kropp
sugas upp genom regnet

jag ger nätterna namn, namn, namn

fuktens ruiner
visslar så försiktigt
nästan ohörbart
i betonghusets
nakna
porer

ensamma strålkastare
bryter kristall ur asfalt
på andra sidan jorden.

*

Jag ber länge, en stum, bildlös
kvällsbön under marken

smälter en sked hundhår
längst bak på tungan

hör den mest avlägsna rösten
viska sig fram under huden

är den inifrån
ens mänsklig

bönens blacka
visslande
röst

ska den leda mig
till andra sidan av stenkulverten

eller bara lyfta mig i nacken
som om jag var en hundvalp

stilla, tills det bruna
iskalla vattnet
sjunkit

värme-
strålning
klämmer sig ner
genom brunnslocken.

*

Hjärtat
står i tidens
blinda centrum

det är lite
att känna

höga, gropiga väggar, sten
bunden med fingeravtryck

en vågig stentrappa
där nedersta trappsteget
är en mjuk, vid skål

en näve tomt vatten
längst ner på botten

tickande fukt i ett osynligt tak

fallande
vattendroppar
som exploderar
på fingertopparna

men jag slickar
tomt vatten rent och salt

ber
så jag inte
faller ner
härifrån

*

I vattnet ser jag ansiktet
brinna ner
med ett brunt
klart sken

består jag
av tätare
materia
än elden
askan

jag vrider mig
som en snigel
vrider sig
runt sin blinda
hjärtpunkt

måste jag be
ännu tystare
för att höras

ansiktet sprids
ut över vattnet
av självlysande
ringar, ringar

askflagor regnar
virvlar på botten

bruna, skimrande, flikiga
stjärn-
former

långsamma, bildlösa sjunkande
långt bortom det mest avlägsna

nedanför tidens
blinda centrum

finns det en stege
till himlen
är den en nedåt-
spiral.

*

Tomma bussar
nersmorda
med vattniga, bleknade
ögonfärger
svepta i oljig smutsfilm
idisslar
vitt brus
nere i centrum

regn faller
på sjöarna
vi inte hör

bussar
av höst

det är
nästan
allt

ansikten
indrivna
som snö

var har skuggorna
varit någonstans

hög-
husen
viskar in
sina liv
i blås-
ten

det är
nästan
allt, allt

himlens herrelösa hundar
gräver tunga hål
i varandras sidor

vilka är namnen

nätternas
de flygande
hundarnas
de gemensamma
tystnadernas
namn, namn

om bara snö
ville falla nu

skrapa av
den porösa filmen
av sur aska
från människornas
rusande
oklädda
skuggor

tränga in
i ögonen

tränga
in före
natten

det är
allt, allt
att be
om.

*

Tal. dödstal, namn
evakuerade namn
skrivs på min hud
med olja, en pensel
av hundhår, lindade
fågelben

ett gytter av dovt
glittrande rapporter
impregnerar huden
tills den flyter
långt utanför
en nypa silver-

damm och en flik
av ett flick-
ansikte hänger nästan
orörliga över
madrassen

jag kisar
gråter
i mot-
ljus

allting luktar
förstenat
nikotin
senor
sand
ben

en naken glödlampas
gloria av blonda flugor

gul och röd jord, sovande
som ett omen på möblerna

långt innanför, i värmen
från en hudlös
evakuerad trakt
står tankarna
och torkar ut, krymper
snabbt till streck
och punkter, nål-
stick

huden är en vid, djup kista
där tystnaden växer

okontrollerat, åt alla håll
och väver
ett självlysande
ansikte

*

Senare, när du somnat
låser jag badrumsdörren

och skär ett långt, djupt snitt
med ett nyinköpt rakblad

särar på ansiktets
tunga lager
av ljus som för-
mörkar
ögonen

lila
röda
blå

jag delar lagren med fingrarna
drar tillbaka dem
drar över hjässan
drar allt mot
nacken

skalar av resten
av kroppens ljus
alla sega hinnor
som ett orm-
skinn

ett knippe
mjuka veck
skälver till
som en insekt
under vatten
det är allt
allt att nå

och så
är jag
lugn

ingenting
mänskligt
kastar sin
skugga över
min innersta
skugga
längre

mandel-
formad

och så

står vi

så fria

innersta
skuggan
och jag

och min innersta skugga
lyser upp mig som om jag
bara var en papperslykta

ansiktet
som flimrar och glöder
i den smutsiga spegeln
är nästan elliptiskt
mjukt överallt
monokromt
orörligt

syns nästan
inga läppar

subtila drag
som knappt
andas
alls

ansikte har tunna
tunna bruna band

det ser ut som
sedimentlager
uråldriga
eller också
väldigt
unga

och där är liksom två
benvita strandstenar

det är allt
allt är det

det är är allt jag kan se när
jag söker min egen
blick

handflatorna är tomma på sår
men har varsin svart
rund öppning

öppningarna
fyller nästan
handflatorna

väntar, väntar, väntar

jag måste stå kvar här
tills du plötsligt vaknar
och letar efter mig igen

fram tills dess
andas jag långsamt
på öppningarna
får dem att växa
och frilägger
ännu mer
verklighet

och till slut
är mina händer
verkligen nakna
och helt fyllda
med guldnät
och hårfina
nästan osynliga
blixtar

och under
näten och blixtarna
ser jag också svart
ljus, pulserande

nästan
som bläck
i vatten

när du
kommer hit
och hämtar mig
ska jag berätta
allt om min resa
alla vaknätter
och du ska inte
vara rädd
för mig
och dig
själv

jag är destillerad
ensamhet och tid
nebulös, som du

och innerst
inne är vi
båda bara
ljus

svart
ljus

Fragment av madonnan

Du, i ditt djupaste klämd,
stiger upp ur dig
för alltid

Paul Celan

När jag klätt av mig ljuset
finns det ingenting som jag
saknar - jag har skurits ner
till en icke-existens, vilande
Utanför det fängelse som är
ljusets skinn består jag bara
av dödsstilla, svart materia
Det som jag *behöver* vara,
känna, bryter jag från den,
nollställd, och i avskildhet,
vaggande hos hjärtats slag
Ljusets skinn och dess vita
skugga är knappt synliga nu,
där de vilar på en stolsrygg
Skinnet och dess skugga är
små som stjärnbilder nu

*

Ansiktet har nästan inte
några drag - det ser ut som
polerad, svart onyx, är väl
inte mer än ett fragment
Under mina fingertoppar

är ansiktet lenare än aska
Jag försöker se *mig själv*
Grunda ögonvalv i spegeln,
ögonen i skugga, men nakna,
som stjärnlösa natthimlar
Allting är skuret, utarmat
Känslan av en släckt sol är
varm, akut, som *gravitationen*
hos det tyngsta ansiktet

*

Ansikte mot ansikte med
den existens som måste
följa på ljusets skinn, sjunker
jag ur min själ som ur vatten
Och jag har läst om stjärnornas
levnadscykler, förvandlingar,
hur stjärnor imploderar - tills det
enda som finns kvar är helt
svart materia, röntgenstrålning -
den nakna, totala övergången,
ett oändligt fall mot centrum
Men nu har boken redan åldrats
och den flammar upp, blir till
virvelaska, fyller halva rummet
Jag ska följa den, men i vila

*

Ljuset skinn är väldigt tunt,
skört, bara ett membran som frasar
sönder och samman, lätt som ingenting
bara jag vidrör det med fingertoppen
Sedan avskärs jag för alltid

Och jag har sett så många bilder
av ett mörknat leransikte,
bränt med ofullgången omsorg
Det bär solen i sina panna
Det finns ingen saknad i det
Där finns nästan ingenting
Där är alltings början, alltings
slut. Ögonen är så porösa.

*

När en stjärna dör, drar
den ihop sig till en svart
kristall av tunga stjärnor,
stilla, i en kall elds hjärta
Stjärnan är då en förseglad
kropp som oändligt krymper,
in, mot sin yttersta icke-existens
Avklädd ljuset, inte alls synlig längre,
glider stjärnan på svarta fjärilsvingar,
in, till natten av sig själv, inte mer
än ett fragment av sig själv,
och flyger bort, hem,
mellan singularitetens
förkolnade
vingar

*

Ja, jag evakuerar ljusets
skinn, och det torkar, krymper
som en död på stolsryggen, är
snart inte mer än abstraktionen
av ett fragment, och jag vill inte
Jag vill inte återbördas. Och jag

är inte det mänskliga fallet, nej,
är inte fallet alls. Inte det, nej
Kanske har jag aldrig varit fallet
Jag kan inte säga, vill inte heller
Spegelbilden kan inte heller säga
Men den ser på mig länge, länge
ur brunnar av renbränd autism
Den har nog alltid sett på mig
Jag vill aldrig återbördas, sa jag
Inte till tidpunkten för mitt liv

*

Nu är ansiktet
mandelformat
Och jag minns
Jag minns nästan
inte vems det var
Jag sa *jag* ... men
hon ska komma
innanför ljusets
sista skinn

*

Nu återstår bara fragment, deras
mörkaste abstraktioner, frihet
och spegelbilden, som börjar växa,
växa över huvudet på själva kosmos ...
spegelbilden känns faktiskt oändlig ...
och den liknar mer och mer en svart
madonna, fri från mig för alltid, när
jag klätt av mig ljuset ... finns det
ingenting som jag saknar, nej, nej ...
jag har skurits ner till en madonna,

en svart icke-madonna, men vilande
Och utanför det fängelse som var
jag ser jag att hon livnär sig på
interstellär tystnad och gyllene
fragment, som flyter runt
på ytan av Guds
saknad

Aqus (rester av en sångcykel)

Meditation

Jag vaknar och jag öppnar mig oändligt sakta
och tror som vanligt att jag ligger på stranden
men det finns inga stränder mer och inga länder
Alla stränder är döda och begravda under vatten
och Aqus brinnande silverhud är allt jag kan se
Jag reser mig med samma sällsamma blandning
av ångest, lycka och stilla förundran som vanligt

Jag reser mig upp på min flotte, och jag stirrar in
i ditt ansikte, Aqus, som följer mig, begraver mig
kysser mig, vaggar mig, skrämmer mig, föder mig
och jagar mig vart jag än beger mig, helt förlorad
inom dig, utelämnad åt ditt ändlösa, hungriga hjärta
som är överallt, och ingenstans, en osynlig storm

En osynlig, aldrig vilande storm är ditt hjärta, Aqus,
Dina ögon är virvlande gravar som viskar mitt namn
och av det heliga hemmet jorden syns nu inte ett spår
och jag är för evigt fånge hos dig, som skrämmer mig
men jag är också älskad, våldsamt älskad, som ett barn,
vaggat och närt av både änglar, gudar och demoner

Nej, det finns ingen jord, och jorden ska aldrig, aldrig
komma tillbaka, och det finns bara du, Aqus, planeten
utan länder, öar, vägar, stater, maskiner och civilisation
Och allt detta tänker jag på, som alla andra morgnar
när jag vaknar på min lilla motordrivna flotte, och tror
att jag är på stranden, och att planeten jorden överlevt.

Aqus, vem är du?

Aqus, varför svalde du jorden? Var kom du ifrån?
Var kom de decennielånga regnen och stormarna ifrån?
Varför sjönk våra kontinenter plötsligt som stenar?
Vad var det för okänd kraft som upplöste beggrunder?
Vad var det för geologisk faktor som vi inte upptäckte?
Var det vårt fel? Eller hade jorden en okänd bristning
djupt inom sig, en fullständigt okänd faktor, som ingen
vetenskapsman kände till? Aqus, kan du svara, kan du
tala med oss, om vi dyker, beger oss tillräckligt långt ner
i ditt fruktansvärda ansikte, om begraver oss i ditt väsen,
kan du visa oss var jorden hade ont, var dess sjukdomar
satt? Kan du visa oss din själ och dess mörkaste stjärnor,
kan du för en minut ge oss nåd, och badda våra hjärtan
badda dom med fragment av skuggor av din kunskap?

Aqus, vem är du? Är du ett straff, en planet, eller är du
en ocean, en sfärisk ocean? Hur ska vi kuna möta dig?
Vad är ditt väsen? Hur ska vi älska dig? Ska vi hata dig,
ska vi dyrka dig, ska vi försöka bygga på dig, utplåna dig
driva ner våra längsta pålar i ditt kött och förneka dig,
begrava dig, som du begravde jorden ... ska vi begrava
dig under nya städer, städer som vi byggt av bärgat material?
Ska vi samla vrakgods, och foga vrakgods till vrakgods,
ska vi bygga flytande städer över hela dina brinnande hud?
Aqus, vad säger du? Aqus, vem är du? Var ör din röst?
Är din röst längt in i stormen, eller i vågorna, eller i molnen,
eller är din röst i den drypande, obarmhärtiga solen?
Är din röst den globala, obarmhärtiga hettan, är den fukten?
Aqus, du är överallt, men ogripbar. Aqus, vem är inte du?

Båtfolket

Det finns inga bilar, inga tåg, inga cyklar och inga flygplan
Orden "inga" och "ingen" jagar oss som skuggor dygnen
igenom. Nej, inga stolta fordon finns kvar... Nuförtiden är vi
alla skepp. Vi är människostora flottar, precis så stora att
maten, sovplatsen och fiskeredskapen får plats, och vi är
skepp stora som städer, långsamma, oöverskådliga skepp där
tusentals människor trängs, lever dör, slåss, älskar, sjunger,
drömmer, lider och seglar evigt, och vi börjar glömma
jorden, och är knappt människor längre. Nej, inga riktigt
riktiga människor finns, och vissa börjar få simhud, jag vet
inte varför, jag vet inte varför, och jag har också hört om de
som till och med får fjäll, och jag vet inte varför, jag vet
ingenting, och vi är alla bara skepp nuförtiden, samman-
smälta med dig, Aqus, utelämnade åt dina nycker, din ilska
och din kärlek, som till en gud. Det finns bara du. Det finns
bara du. Och dagligen begravs vi i dig. Vi är knappt
människor längre. Vi är skepp. Vi är djur. Vi är dina.

Vatten, gå med mig (mellanspel) recitation?

Jag vet inte. Jag vet inte. Jag vet
inte längre. Jag vet inte längre något
Jag upplöses hur jag än jag, jag blir
ett djur, en skugga, en fisk, vatten,
och min hud rinner bort, bort på däck
och jag kan inte säga nej, och inte ja
Jag kan inte fly. Jag kan inte möta
Och jag vill inte. Jag vill inte se dig
Jag vill inte begravas. Jag vill inte
Jag vill inte. Jag vill inte. Jag vill inte
bli ett med vattnet, med dig, Aqus
Jag vill inte krypa bort med fukten
Jag vill inte falla hem med regnet

Jag vill inte stiga ner med vågorna
Jag vill inte växa bort med stormarna
Jag vill vara så mycket människa
jag får, även om jag bara är ett tyst
fragment av mig själv, virvlande,
virvlande, virvlande inuti dig ...
Aqus, jag vet inte vart jag ska se,
vart jag ska simma, vart, vart, vart
jag ska dyka och segla hem, Aqus...
Kan du tala? Är du vid min sida?
Är du inuti min sida, är du blod?
Kan du säga, säga, säga, säga?
Tala med mig, sätt dig hos mig
Aqus, var hos mig, spegla mig
Aqus, följ mig, var inuti mig
Aqus, gå med mig, gå med mig,
gå med mig, var hos mig, gå ...

Kropparna och skuggorna

Vi lever på en flytande kyrkogård
De flesta överlevde inte. Under oss
vandrar kropparna och skuggorna
de miljarder som aldrig såg ytan
de som aldrig nådde din hud, Aqus
Långt under oss häver sig och böljar
kropparna och skuggorna, skogen
av döda, sjungande, statyer av salt,
kött och alger, och de sjunger tyst
för fiskarna och mjukaste mörkret
allra närmast botten, och skuggorna
och kropparna viskar sakta sina namn
för simmande arméer av svarta änglar
och heliga stim av vita bläckfiskar

Vi lever på en flytande kyrkogård
och under oss sjunger kropparna
och skuggorna om vår skuld, om
isarna vi smälte, som atomvapnen
som vidgade jordens urgamla sår
tills du lossnade från jordskorpan,
Aqus, du, som aldrig bordet ha rört
vid dagens ljus och nattens mörker
men nu går du aldrig mer att hejda
och om allt detta sjunger kropparna
och skuggorna också, i våra drömmar,
i vårt blod, i vår benmärg, och aldrig,
aldrig mer ska de levande och döda
leva åtskilda... om detta sjunger de
också, där nere, i frysfacket, djupet.

Stormar (recitation)

Jorden är som sagt bara vatten, och de fasta punkter som
finns är större eller mindre flottar, skepp och sammanbyggda
skepp, helt enkelt flytande städer. Tillvaron är sköt och stän-
digt nyckfull. Eftersom land inte längre finns kan stormar
härja fritt, och ofta drabbas planeten av monstruösa stormar
och vågor som är hundratals meter höga, och ibland skapas
vågor som är nästan en kilometer höga. Alla strukturer kan
utplånas på ett ögonblick, och städer som har tagit decennier
att bygga kan utplånas på en dag. Och på något sätt har hela
mänskligheten fått ett evigt straff - planeten som man aldrig
vårdade har blivit nästan obebolig, ett helvete som består av
det vackraste, mest nödvändiga som finns ...

Himmel och helvete

När jorden hämnats och bara en bråkdel av mänskligheten överlevt fick det vackraste av allt, det evigt flytande silvret, vattnet, den ändlösa oceanen, den obarmhärtiga gudinnan, demonen, helvetet, en rasande, nyckfull himmel, vars kanter brann, infekterade av radioaktivitet och solljus som förstärktes, blev en ohygglig svetslåga, en svetslåga som skapade årslånga regn, exploderande reflexer och tvingar oss alla att bära skyddskläder och solglasögon, för att inte bli blinda och flådda

Aqus, som vi kallade den nya planeten, liknar ingenting som vi någonsin kunnat föreställa oss. Vattnet är lika självklart som jorden under fötterna var en gång, och precis under våra fötter kokar biosystemen på oanade sätt. Medan vi seglar på en brinnande himmel av silver och förbannar solen - som både torterar oss och göder haven - blir djuren i havet bara större och större, fler och fler ... och ibland uppkommer helt nya livsformer, vars gener obarmhärtigt påverkas av den radioaktivitet som läcker ut i djupen, från skadade kärnvapen och kärnkraftverk. Detta är ett verkligt helvete.

Vi är fångade mellan den råa solen, de bibliska regnen, helvetesstormarna och djuren i djupen, som vi både äter och fruktar, och de äter oss dagligen

Vi bor, seglar, älskar, lever och dör, fångade på en grym himmel av silver, och våra liv är osäkra helveten, och det enda vi kan hoppas på är en till dag, några andetag till, innan Aqus tar ett djupt andetag och suger bort allt ljus

Aqus, du är det vackraste jag någonsin har sett, och jag älskar dig faktiskt, men likt den urgamla guden Abrasax rymmer du allt, tar du allt, är du allt, och du är fruktansvärd. Du är

vår mor, en oändlig famn, och du är en demon, och du är
Satan, och du är döden, och du är livet, och du är oändligt
ömsint, oändligt mjuk, oändligt hård, och det går aldrig att
veta vilken av dina tusen ansikten som visar sig när solen går
upp... du är svart och vit, och du är grå, du är början och slut-
et, du är himmel och helvete, och i din famn är änglar
demoner och demoner är änglar ... i ditt hjärta är Satan Gud,
och Gud är Satan. Du är allt och inget, du är slutet och
framtiden ... du är himmel och helvete ...

Rubriker till instrumentalstycken:

Hur våra kroppar förändras
Hettan
Regn
Ljuset
De översvämmade städerna
Nya gudar, nya demoner
Moln
Djuren i djupet (recitation)
En ny början
Sinnesjukdom
Flygfiskar
Änglafiskar
Mardrömmar

Naken och slocknad som en ängel
ligger jag och ser havets svartvita vingar
sträcka sig efter namnlösa stjärnbilder
som natthimlen glömt att smörja med tårar
och allt är bara som film och sandslott

men någonstans tror jag att havet ser mig
och att natten ser mig och havets stjärnor
och jag tror att jag, havet och natten ser
varandra helt utan skräck och ångest
och naket och slocknat som en ängel
ligger havet och ser nattens tomma hud
blöda tid på mitt sandiga barnansikte
och jag undrar när mitt ansikte blev
ett barns, och jag undrar om jag kanske
alltid har haft ett barnansikte, och kanske
har alla mina nätter på stranden sköljt
bort sand och lera som låg i vägen
för detta nya barnansikte, och nakna
och slocknade som fjärilar rör händerna
vid barnansiktet som är ömt och tunt
som ett antikt snäckskal och alla ord
som havet aldrig kan bära flyter runt
i min ögon, och hudlöst och stumt
är havet, det namnlösa, innersta havet
som kärleksfullt äter, äter allt, allt, allt
jag trodde att jag visste, och nu ser jag
natthimlen ätas upp av havet, och jag
väntar bara på att havet ska flyga in
i mig utan att ställa några frågor.

Jag letade efter hjärtats hav
och hittade bara sand, färglös
Jag letade efter hjärtats hav
hela livet. Jag letade dygnet runt
Jag letade i drömmarna och jag
letade bakom solen. Jag letade
överallt. Jag letade tyst och hårt
som en insekt. Och jag hittade

så mycket sand. Jag var alltid
besviken. Jag hann bli gammal
innan jag förstod att hjärtats
hav och alla andra hav kan vara
gjorda av vad som helst. Det
finns sandhav, blodhav, salthav
och ljushav. Hav finns överallt
Och hjärtats hav är aldrig gjort
av det du väntar dig att hitta
och det är inte du som hittar
hjärtats hav. Havet jagar dig.
Hittar dig. Du är dess byte.

Fåglarna flyter stilla utanför tiden
Havet hör oss prata sönder stranden
Sanden hör oss trampa sönder dimman
Havet smeker tyst sönder våra fotspår
Fotspåren kysser sönder allt vågskum
Vågskummet färgar dina fötter röda
Tiden brinner upp inuti fågelvingarna
Havet viskar ömt sönder vår strand
Dimman smeker bara sönder dagarna
som dimman alltid glömmer att kyssa
Havet kysser ömt sönder vår dimma
Havet brinner stilla inuti våra ögon
Våra ögon flyter stilla bort på hav
av sönderblåsta, flimrande tankar
Havet ser oss gå vilse bland ord
Havet hör mig skriva sönder dikter
om havet, havet, havet, havet, havet
som inte ens minns mig minuten
efter att vi har lämnat stranden
stranden som hör oss prata sönder

havet, havet, havet som flyger stilla
utanför tiden, utanför alla våra ord
och havet är allt som finns kvar
när vi har gått, och stranden, dimman
allt skriver havets stjärnlösa händer
över utan att fråga vad vi heter
eller vart vi ska, och havet är allt
vi minns när vi kommer hem
från den dagslånga promenaden
och lägger oss nakna vid kaminen
och havet blir summan av alla ord
vi aldrig säger, och långt efter
att vi har gått viskar havet att mitt
innersta hav har saknat ditt ända
sedan natten när jag föddes
och din nakna tunga smakar
tång, gräs, lera och sand

Vi ligger nakna vid havet

som jordklotet har glömt

och ser stormar gråta blod

över hudlösa molnstäder

och jag har ångest, men vet

att du håller mina händer

och ligger sked bakom mig

tills detta öde helvete

är över och blickstilla

och döda vågor flyger in

och virar sig runt våra

kalla, bedövade ansikten

som liksvepningar

och vi hostar vatten

som nyförlösta barn

och släpas runt i sanden

men vi följer inte med

stormarna ut i havet

och vi håller fast varandra

hårt, hårt, som trädrötter

som håller ihop bergväggar

och såhär ska vi ligga, i flera

år om vi måste, tills stormarna

dör och havet ger sig iväg

och vi kan gå på havsbotten

på safirblå och smaragdgröna vägar

till de mossklädda husen i staden

som sjönk någon gång i vår

ungdom, långt innan vår kärlek

slet isär oss och våra innanhav

och såhär ska vi ligga länge

kanske hela livet, tills stormarna

flyger hem och havet kryper hem

och någon gång kommer allt

att vara som förut, när du var

en vattenorm av silver, och jag

var en ödla av guld, och vi

delade samma innanhav

och samma

stjärnor

Pleroma (skisser av ömheten)

We are the sculptors now making our own doors
The words are gone but the gods are gone for good

David Shapiro

1.

Den natten faller regnet svalt
men imorgon flämtar en *hibernera*
vid dimman, ler mot sammankomsten

och beror; jag var varm *feber*
du täckte mig med kalla oljor;
jag var törstig, men du
kunde höra

vad morgondagen sade mellan
träden. Det är grönt på marken
och tyst; en okänd morgonstjärna

skär försiktigt upp *dissekerar*
den ena kroppens ögon, blanka
som keramer. Och jag märker

En gång av färger. En ensam rad
av belysta träd. Det är tingen *atom hudavsats*
i någons trädgård; en gammal plats

av metalliskt täta växter *bladguld*
beskrev den tunna luft där någon
hade hört ett annat rum *näs*

2.

Idag har aftonstjärnan stigit
för att vika; vi kan minnas
den har drivits fram där deras

viljor långsamt skulle vandra
på varsin sida om ett ändligt
ljus. Det här är dagens *Job*

oändliga avsats; här lyssnar du *hud*
på det redan öppna, väntar *ingen*
jag på det som hade dragits

ut till långa timmar. Idag *salt*
ska klockan skruva fram en nål
för att falla under stjärnans

beskydd. Min morgon verkar ut
vid en rad av saffransgula *legion*
kristaller; de matta ljus som snart

gömmer oss bland ögonblicken
som åderlåter deras timmar *vik*
med ett regn av klarnat silver

3.

Den här bereste soluppgången
som har lovat träden, står *sand*
tillbaka där vår andning rymdes;

går igen, och våra händer skrapar
den nya horisonten, för under
sammankomsten driver de

fördolda sken som skulle driva
din tyngd mot ändlighetens kanter
sjunka i en stjärnklar flod *Nilen*

De glömda träden sjunger in
dagen under tystnad. Fönstren
förlorar liter mörker under

soluppgången; sedan strömmar
det tysta ljuset, förändras klart
ska vidgas. Fönsterblecken

väntar horisonten; som förgyllda
gardiner verkar träden väga
i den smala dagens skillnad

4.

En enda, godtagbar förändring;
stoft som flyter genom bleka
menadrar av förgrenat ljus;

andra, större rum av sträckt
och enskild andning sväller
runt oss under soluppgången

och följer oss. En skugga av
socker stannar kvar i det
förödda hålet efter natten;

det är här, i andra rum
som ingen ser oss, och det finns
andra strömmar utanför

Vi ändras så; där ute har
horisonten vecklat ut
spann av luft och ädelstenar

över den som övergår;
ett annat, klarnat väsen drogs
genom; skuggan vänder sidor

5.

Det är så tunt; under den
soluppgången märker jag
din skugga mellan andetagen;

till en början är du bara tecken
på någon annans avstånd, band
av förvridna dagrar, spröd

i skenet från ett fuktigt fönster
Men i dina fotspår, bilder *blindfödd*
av gamla lövverk. Jag hör på bruset

från en annan årstid, regn *blod*
som vattnar någon okänd trädgård
framför fönstren; du är utom

Där utanför: de röda skeppen
skal som glider genom dagen
som fläckar av förkolnad eldansikte

där jag sjunker; jag övergår
är strimmigt ljus som faller, vid
dina spår, som torkar glasen

6.

Förbi, på väggen: platta sken
genom svarta dagrar, märken
av ljussken över nya fönster

dagen som har grytt i hörnen
Det mörknar bakom horisonten;
korta timmar strömmar in

vid ljuset. En annan vår *vacuum*
andas in och långa vågor *stränder*
skör in i morgonluftens väggar

Vi ska resas, vaggas in mot *hos*
ett blåsvart rum och injiceras
med den nya dagens korta

respiter. Ur en gammal tystnad av
mörker stammar våra tungor
och viljor skär i glömskan; i

centrum av vår sammanhållning:
en kropp av glas som öppnar sig
sluts som dina ögonlock *revben*

7.

Den klara dagen tvättas över
dina ögon; ett fraktaliskt regn
av skilda timmar *faller* in *väsen*

över alla fönsterrader *portar*
Ett rum av veckat siden som
höljde dig i eftertankar *sorg*

men du, som händer mellan
väderstrecken, verkar vara
förbilndad inom svaga ljusskrift

Timmarna ska blandas ut
med åskan, och dagarnas
mängder grumlas bredvid våra *summor*

sinnen; faller in mot dig
som regn från glömda somrar
De har blandats med ditt mörker

höljer dagen i en slöja; *dok hår*
ditt nya sommarregn har strömmat
rinner efter fönsterglasen.

8.

I det exakta rummet; höga
skuggor utan långsamhet;
ett grumligt sken som överbrygger

nattens sista mellanrum;
du faller, ut, mot soluppgången
och behandlar varje vägg

i avskild väntan; som är i skuggan
och flyr i den. Ett ting av glas
som skymtar vid en egenskap

som lägger de exakta rummet
när den ena dagens gryning *enda*
ska dela upp sin färglöshet

i luften runt ett strimmigt fönster;
silverdamm som driver
kristaller pressade, genom

luftens hud; och framför fönstret
din blanka skugga som är formad
till en spegelbild av någon.

9.

Det enda rummet; skuggor som
lyser utan fästen, överblivna
kristaller genom svarta sken;

korta timmar, dagen hårdnar;
det här är soluppgångens ägg
Under tystnad vakar glasen

På tröskeln till det nya ljuset *svarta*
dammar solen jorden *pudrar man*
och genom fönsterglasens

stilla synförmågor virvlar
förlorade monader framför
morgonhimlen, vecklas ut

och stiger längre bort. Det är
så som kärlet vidgar sif
och mökret sträcker sig

utom ljuset, som förvandlar dig;
din smala sträckning, långa skuggor
genom oss, och röda droppar *is*

10.

Den korta bilden, frågan som
jag har ärvt i soluppgången
har flyktigt stuckit en

hand av silver genom mina
orangea händer, öppnar tyst
solens violetta hägring *nakna*

ett hål som släpper in *ampull*
ändlighetens atmosfärer;
vi sjunker ner, översköljda

Under dagen vrider sig
en bild av dig i tinningen *nod*
driver in en annan bild

av gammal silver, stannar
kvar i detta; det rör sig inte
om nu och sedan; tystnader

som försvinner mellan husen drar
drar din andning över intervaller;
du har fallit från en annan *hemåt*

11.

På grund av dagens flyktighet
glider mörkret i vårt väsen
och tunna dofter av förändring

omger varje bild vi märker *bär*
Jag känner inte skillnaden
mellan natt och dag, för mörkret

från solen omslöt oss med klarhet
Du är skillnad, men man möttes
i sig och stannar vid solens *Mars*

blanka sken. Det är allt *ljusåren*
som jag har märkt. Jag märker
inte någonting; det är bara det

som jag kan märka. Som tysta stjärnor
vandrar dina ögon över *stjärnlös planet*
mitt mörker. Det lyser upp dig *privata*

du är blind. Jag kan *se det komatös*
det sken som faller ur ditt huvud
som har färgat träden vita. *det*

12.

Du stannar blank i fönsterglaset
och förändras långsamt framför
den enda dagens kalla sommar

skjuts av horisontens svala
kristaller. På eftermiddagssolens
anemon, en rökig lins *efterbörd*

av timmar, har mörkret spåtts, ska få en lång
framtid i din längtan. Ljuset *det svarta ljuset*
är redan nytt i dina blickar;

det förblir. Smala ringar av
avnötta kyssar sänder våra
tankar, bort, från ändligheten

Du är en ring. Din avsikt är
bara en meander bred; namnlös
den ska förleda mig, den visar

mig en obeskrivlig trädgård;
en ring, den tysta ändlighet
som förblir, som sår av glas

13.

Och över mig, om dagen hör;
bara himmeln. Himlen strävar
som jordens mjuka överhud

utom mig, dör di jungfru tyder
den rena sand som strömmar
mellan mina täta fingrar

runt egenskapens svarta frukt
Egenskapens vita frukt *efter frukt*
mot middagssolens mörka öga

Stjärnor göms i skuggor
där dagens namn slår ut ett ljus
Utom mig, där du förflyter

har jungfrun hårdnat runt sin sand
Hon, som vet vad ingen annan visste;
din hand, som beskriver rum *ovarier*

den förgyllda huden runt din timma
har överfört sitt ljus till mig *svarta*
och ska gå till träden efter vätska

hud av natt
blod av ljus

14.

Ett sken av främlingskap har fyllt
luftens kärl med svarta strålar *koppar*
ellipsens centrum. Du fylldes med

middagssolens exakta ljus
och flyter längs med dagens nya
stränder, som ett skepp av snö

På fönsterglasen fångas kroppens
spår med evig perfektion;
och *ordet imorgon* steg som fallna stjärnor vid

horisonten när du plötsligt
gick upp i soluppgången *är ingens barn*
Dagen är beständig; rummets

förfallna klockslag faller kort
Sken av kunskap fyller min
respit med andra innebörder

och vid sinnets kanter fyller
en stjärna rummet med ett sken
andas genom ljusa egenskaper

stjärna efter stjärna

på natten väver
land, hav och jord
samma mantel
av hud

15.

Du vet vad ingen annan visste;
jag är skuggan av ett barn *blindfött*
som lånar dagens rum av ljus *bara kärl*

Ljuset stannar i ett annat rum
Jag är ett ting som väger mellan
den smala dagens silverbäck *åder*

och nattens sjunkna fönster *rad*
Under dagen, när din *klocka kanyl*
har somnat, springer du bland träd

som har lämnats av mitt segel
och hittar *spåren efter din doften*
nästa, som blod på dina knogar

Vid den förlista stjärnan, där ingen
märker spegelns klarhet, hittar du
det ting som ingen annan såg

ett förborgat ting som ägde
dagens grunda rum av ljus *sal*
timmar som förlängde det *den*

16.

Den enda i sitt slag förlorar
dina ögonblick till rummet;
de stiger ut sekunder som

ljus, driver fram i mörkret
Den endas klara strålglans
födde dagen med dess brand;

den födde sig med eget ljus
samma egenskap, och skrev
sig själv i blickens horisont

Varje tanke är ett sken. Varje
förlorad skiftning genom massan
är en våg; den enda i sitt slag

är skugglik; en blottlagd stjärna
på egenskapens röda himmel;
genom tankens blå epok *grå*

simmar skuggan av din sanning
som klarnar vid ett annat tecken
molnens klarhet, dina skuggor

en öken byggd /rest av/på moln
moln av snö

17.

Där rummet och den enda dagen
faller samman, som skenet från
den sammansatta horisonten *bruten vikt*

där jag faller, där ditt fönsterglas
ska efterlikna solnedgången
kan min fråga strömma bort

från horisontens offereldar
och förblöda under himlen;
där rummet och den korta dagen

möts har all din tvekan fallit
mot luftens hjärta och bestått
Där det inre spegelglaset

och solen kastar samma tunna
svala sken har rummets gamla
dröm fallit ut, blivit rörelse *vecklat*

där det rummets ytterväggar
ska söndra horisontens *inre* timme
fällas ut, bli till dova spann

18.

Jag möter skuggan av ett barn
framför foten av ditt fönster
och märker spåren av ett viktlöst

barn av silver under dagen
På dagen baddar det min panna
med blod, och övertalar mig

med ord som solen lånat av
nattens ljus. På fragila *anemiska*
och lätta fötter gick ett barn

till min säng. Det lägger fram
en morgonrodnad och en nål
fylld med månljus; jag har tagit

min färg, och följer dagen med *orm med åtta vingar*
dina svarta ljus. Jag möter *segeltunna barnansikten*
ett barn av silver framför fönstret *röda guld*

märker skuggan av en tunn
parfym, en annan, genom rummet
när jag går mot solnedgången

19.

Den tysta punkten, middagssolen
som förenar alla, som vatten;
en yttre dag; hud; en annan man

utan namn, en man som blev
en kappa. över den bestänkta *grå*
strand som har har upptäckt *ärvt*

på dagen. På dagen vandrar han
genom rummet, där han märker
ett flertal stenar som han ofta

lät förfalla; tills han föll mot
ditt mörker, och förblev ett *privata*
annat sken; den blinda ådern

som viskar under huden *av natt*
men han hör den bara svagt, som *annars inte*
en hungrig källa, nära skenet *åder*

under ögonlocket, hör det *vänstra*
exakta ljuset komma. Långsamt, liknar
en lavin av lätta tankar, löften *snö*

20.

I dina ögon äger jag
någon släta diamanter
de strålar svart i solnedgången

genomtränger mörkrets linjer
med väsenskilda sken av kött;
det du ser; du ser det ting

som ingen annan ser. Du, du
har väl inte sett mig; du, du, du
som verkar vara blind, hos ljuset

Barnet märkret aldrig andens form;
jag hörde honom nalkas dig *henne*
från sidan, men detta rörde inte

vid oss. Det har kommit när
jag har gått. Du saknar honom inte
Ditt barn är en magnetisk ring;

ringen är elektrisk. Strömmen *drömmen*
är syntetisk; hela hemligheten
har rymts i ögonblickets sidor

blod av silver
silver av blod
leran brinner

Det är beseglat; den ena skuggan
kommer att förändra ljuset
för yttervärldens rörelser;

medan solen vilar framför
de tysta husen, översköljd,
drog din krökta trädgård in

sin hand i rummets bröstkorg
och drar nu långsamt fram hans segel *hennes*
i rummet. I rummet där det enda

är detsamma som det andra
där inga ting ska sammanfalla
som i en sluten bok på natten

ska varje skillnad inneslutas
och förblöda under samma timme;
ja, att föra ut en skugga genom

öppna fönster, falla framåt *oljefyllda*
och skjuta in en renlig sommar
i sitt hav; det förseglas *flås*

22.

Det återkommer; snart längtar
mörkret till den blanka sidan
av ändlighetens sammanbrott;

vi ska återkomma till
den plats som ingen återsåg
under dagen. Vänta. Skenen *stenen*

från någon ensam morgonstjärna
skulle leda horisonten;
idag har himlen återkommit

utan spår. Vi har minnen
men hör dem inte utan dina
Gå tillbaka, beseglas *segla*

förkalkas och bli, sammansmält
med de sista timmarna är *sekellånga strålar*
gå bort på sidan av det förra; *nakna seklet*

vi har långsamt skjutit undan
det enda rummet, och di hemlighet
lämnas till en annan plats ö

23.

Det här är någon annans trädgård;
skumma dagrar över smala
passager speglar någonting

av den fråga ingen ställde
och inte heller jag, till träden
som försjunker. Det är blankt

och sprucket under solnedgången
och grenarna som viker papper under
den sidenmjuka vikten av

röda löv och överblivna
vinteräpplen, vad hör de? och vems händer har
stuckits i de inre träden, och vems händer är borta?

Jag vet det inte, och ändå kan
någon säga, sjunga, viska, skriva det. Det här
är någons trädgård. Kanske, kanske den

första jorden, paradisets
ovala afton, också, och en annans fråga
sänker mig till marken, plötsligt

24.

Jag tar, och någonting i dina
ögon lämnar ingenting *är dött*
åt ljuset; det skulle vara nu

som min tystnad drog längs ytan;
en stillhet, som i soluppgången
redan dränkt i enkelhetens

försänkta yta, som vin, och disig stillhet
rastlöshet vid mörkrets kanter
som när en vattendroppe faller

och hamras, blank, mot luftmotståndet
när det det lätta mörkret strömmar upp
där ingen ting står stilla;

och den hårda rymden strömmar
runt tungans grumlighet *öken dyner över*
Stillnader på mörkrets yta *källa*

bottenlösa plan av stillhet
som redan dränker ändlighetens
 vin vid ögonens kristaller

indriven
som snö
bladguld
guldblad

25.

Du är ett ting som härstammar från
någon annan dimension; *stammar*
du närmar dig ditt *inre* ögonblick

timligt, som en hjärtfrekvens
Du ska sjunka ner, till nervernas
klara yttervändar, utifrån ...

Jag märker dig. Och jag märker
inte dina andetag
Jag märker inte dig. Och jag märkte

därför dig. Det är allt. Det är allt
jag märker; allt jag behövde minnas
tystnadens sigill och dina

exakta nerver; din fulla tystnad
skuggans lyster bredvid dig
förklarar långsamt mörkrets *natur blekhet*

för vår nästa; att förlora *så noggrant*
en fruktan för ett ändlöst mörker
sjunka mellan köttets horisonter

26.

Ett nät av nerver tecknar tyst
någon form av appolonisk kurva
på luftens sönderkyssta ögon

sänder vid ett ord av koppar
i ditt marina centrum. Din
verklighet vid dagens fåror

var bilden av fiktionens spegel;
när din ålder hämtar slutet
förlorar slutet förmiddagen

i famnen på ett ögonblick. Vi faller samman
där jag ska driva ut ur detta; *precis*
deras nät av nerver tecknar *nervnät*

i tysthets jord en en obemärkt ellips *tysthet*
på en jungfrus sönderlöästa tunga
och en förlorad bild av henne

stannar kvar på sidan av *svart ljus är du kommen*
min tystnad (en hamrad skärva, slag
av förklarat mummel genom oss)

27.

Att driva ut ur det, och stanna
tills det överlämnar nattens sken
på dina ögon under dagen;

dagens, en luftig ändlighet
de saker som jag märker mellan
alla timmar du fördriver med

den dagen och förvandlar dig
Dagen, de glömda händelser
som är av denna alkemi *vår vävda*

du är född till det, detta, till dagens
respit, och drog samman all din gryning
jag har också drivit in i den, och såg den

i centrum av din röda skugga;
jag har stannat i din egenskap
som är en ensam egenskap, och jag finns till; *obönhörligt*

att ha stannat där, i skenet
till mörkret överlämnat mig
dragit mig. Genom dig och ljusets ändlighet *dess ellips*

28.

Det här är dagen, yttervärldens
ände; mörker utan skuggor
ett sken som mässar utan vitor

Speglar sparar varje avtryck
Nu *Via negativa* Egenskapens
oskunskap. Vad vi kunde veta

det ingen annan kände till
och du kan se. Sanningen om oss, allt
att ingen sanning existerar

utanför den glömda stenen *annat än*
vid kanten av din horisont *den första*
Och spår av skeden. Dess bladguld.

Och ett elektriskt nät som löper mellan andetagen
och min horisont; långa trådar
har spunnit hallucinationen

väver samman dina lyckor
har spunnit samma dag och natt
ett elektriskt sken och dagrar

29.

Ur en annan timme under dagen
vandrar den bestänkta skuggan
min odalisk, och genomströmmar *hon*

sanningen som klara namn
av kött. De liknar ord, men går
under ljusets strömmar under

ett annat, viktlöst namn. Jag kunde inte
säga vad det är. Det är
ett namn, ett kroppslöst namn, så ändligt och profetiskt

att det överskuggar mig;
där utanför: en fluga som
rinner längs med fönsterglaset, med ljus

Den darrar märkbart, som skuggan av
grenar under ösregn, svala *efter svala tänds*
Inneslutna i en egen brist. Brist på kunskap

Brist på kunskap om den egna pefektionen
Och jag ser inte längre. Skuggor sluts. Flyger
Allt som hörs är dagens sländor, svarta, grå

Jag ärvde en förklarad dag *för dag*
Att dricka under några förmiddagar
Av tingen ärvde jag. Tingen såg oss gå;

tingen väntade vid ljusets
elektriskt öppna ändstation
och vi litade på alltihop

Vid dagens centrum går vi långsamt
dit; dagens sand och halsar sträcktes
mot himlen, ända upp, och vi gick iväg

genom rummet, mot det andra rummet
där mörkrets hälsa sjunger *ingen ditt namn*
dig till sömns. På trappan som förkolnas

mellan unga mörker dansar himlens inre sken
som har lämnats bara under en *efter en silas*
vit himmel, dragen mellan andetagen;

vi är ingenting. Vi är ingenting. Ingenting
där vi har gått längs mörkrets salta linje
där vi faller in, mot solnedgången

31.

Här ute genomströmmar ännu
en elektrisk middagssol *svarta ljuset*
vår gömda evighet, som tankar;

bara vi har känt den, men
på dagen genomströmmar solen
dig och stryker socker på

båda dina ögonlock *efter ögonlock*
Med ens blir allting synligt; luftens
ögon, stränder, solnedgången

i husen; skumma oljud flyter
lpngsamt fram som svarta ytor
Så vänder sig en yttersida

till en innersida, och det ahela
framstår, synligt; en eannan vind
drar genom hjärtat, och dina

lungor fyller varje tanke
med strimmigt ljus, och handen faller
till en annan ändlighet

32.

Du ser så genomskinlig ut
när du går vid träden, håller
de sista frågorna om mörkret

under dagens salta vingar;
i dina skuggor (växelvarma
vindar) driver redan nya

sortier in mot egenskapens
öppna grindar; en annan sång
förvandlar oss, och utanför

tysta fönster dalar nattens
beresta kyssar. Över bristen på
ansvar för den sommartysta

partikelns vandring genom luften
gråter dagens vita himmel *efter himmel*
Ett spår av gamla tankar sjunker, sjunker;

över pannan: en annan vår *guldhud*
och mellan den berömda himlen och
fönstren går ett mycket gammalt barn

faller hemåt
natt av natt

33.

Det är som regn; ingenting
faller genom oss, och ändå -
en ström av något annat stoff;

det är så som någon kommer
tillbaka, men ingenting finns kvar
som kan stava hennes namn

för den som redan känner till det
Jag har drivit undan; frågan. Fråga
om vägen ... mellan nu och sedan

Frågan kunde inte röra *honom henne*
Jag sjunker, och himlar som är klara som
bläck ska alltid möta oss på vägen, nu

På vägen, i solnedgången, på andra sidan
av min kropp, har förmiddagen
förlorat sig i självklarhet;

man ska falla ur, genom sig själv
och framför horisonten skulle
skuggan skära ut sin avbild

34.

En annan tystnad, och nya mörker
följer på din lätta andning. Kom
ihåg det under solnedgången;

stjärnan, det förlista ljuset *det svarta ljusets hjärta*
som blandar mina tankar (med kristaller) framför
återkommer, och förblev

en annan bild bland dina fotspår
Hål av gammalt silver som
ska injicera himlen med

strömmar blinkar, stirrar ner på henne;
och efteråt är ingenting *jag kan/ska/får benämna*
ändligt, mellan varje form av avbild

och mörkret; på våra klara timmar
följer ingenting. Låt oss vänta, vänta
hos de förlista träden, för idag *inatt*

bröts ett namnlöst barn *månbarn*
från himlen innan solnedgången
kunde uppmärksamma det

abstraktionens
ängar av kristall
räddar änglar

Innehåll

Andra titlar av samma författare

Fallet Catrine da Costa (2013)
Styckmordet/epilogen (2015)

I samarbete med andra författare

Eremonaut 1 (2011)
Eremonaut 2 (2012)
Eremonaut 3 (2013)
Eremonaut 4 (2014)
Hemsand 2 (2013)